農家が作る

野菜でかんたん痩せレシピ

なな

大和書房

はじめに

はじめまして。

私は現役農家をしながら、野菜がたくさん食べられるダイエットレシピをInstagramで発信している「なな」といいます。

野菜を食べたほうがいいのはわかっているけど、家族が食べてくれない。

ワンパターンになって飽きてしまう。

そんなお悩みはありませんか？

この本を手に取ってくださったみなさんには、そんな悩みを解消していただけるのではないかな、と自信満々に思っています（笑）。

ちょっとドヤっちゃった（笑）、ごめんなさい。


私には4人の子どもがいます。そのなかの次女とのダイエットが、私のアカウントの始まりになりました。


次女には自閉症スペクトラムと軽度知的障害があり、現在は支援学校の高等部に通っています。そんな娘が2～3年前から急激に太りだし、あと数年で家を出て働き出す娘の体が心配になり、2人でダイエットをすることに。

そんな私も、ダイエットに挫折《ざせつ》する常連（笑）。

最初は、いつものように思いつきで、家族とは別のヘルシーなメニューにして、とにかくカロリーを減らしました。すると、すぐに痩せることができました。でも、娘は最初は痩せたものの、徐々に、同じものを食べているのに逆に太っていく。

なぜ？

実は彼女は、犬の散歩に出た時に大量のお菓子を買い、家に帰るまでに食べてしまっていたんです。

最初はそれを強く叱ってしまいましたが、娘がなぜそうしてしまったのか、について考えました。

答えは簡単。そう、お腹が空いていたから。

私は、健康でいてほしくてダイエットを始めたのに、いつのまにか「痩せる」ことを押しつけてしまっていたんです。


それから私は、農家である我が家の旬の野菜たちを使って、娘も「おいしい」と食べられて、さらにガッツリ食べたい男性陣も満足できるレシピを考えるようになりました。


私のレシピはカロリーを細かく計算したり、これを食べれば痩せられる！　というものではありません。

でも、どんな人にも「これならおいしい！」と思ってもらえる野菜たっぷりのレシピになっています。


ダイエットは、無理なく生活習慣を変えていくこと。

モデルさんのように痩せなくても、私たちは今、毎日のごはんの時間がとても幸せです。


野菜をもっと食べさせたいのに、今日もお肉ばっかりになってしまった……。

いえいえ、がんばってごはんを作っているだけでもハナマルです！

そんな方に少しでも簡単に、おいしく野菜を食べてもらえるように、この本がお役に立てることを願っています。

2025年2月吉日
なな

農家が作る野菜でかんたん痩せレシピ

CONTENTS

はじめに …… 2

母娘合わせて−15kg
食べて痩せるレシピのルール …… 8
おすすめの調味料&道具 …… 10

CHAPTER 1

太らんメインおかず

肉巻きトマト&ズッキーニのとろとろチーズがけ …… 12
レタス1玉が消える甘辛肉巻き …… 14
豚ニラれんこんのオイスターソース炒め …… 16
我が家のスンドゥブ …… 18
夏野菜の冷しゃぶ …… 20
ねぎ塩だれの豚バラ大根 …… 22
ピーマン嫌いのための青椒肉絲 …… 24
チキンの腸活トマト煮込み …… 26
腸活チャプチェ …… 28
煮込みハンバーグ …… 30
つくねハンバーグ …… 32
なすまるごと餃子 …… 34
白菜シュウマイ …… 36
鯖とれんこんのピリ辛味噌炒め …… 38
鮭ときのこのマリネ …… 40
鮭のうま味噌ホイル焼き …… 42

本書では――

- できあがり分量、調理時間はおおよその目安です。
- 火加減の目安を記載していますが、ガス、IHなど機種によって異なるため、レシピを参考に火加減や加熱時間を調整してください。記載がない場合は中火を基準としています。
- 分量の単位は大さじ1＝15㎖、小さじ1＝5㎖、茶碗1杯分は150gです。
- 野菜は皮むき、下処理を前提としています。
- 野菜などの食材の重さは時季や店の仕入れ状況によって異なるため、分量によって仕上がりが変わりそうなレシピにはグラム表記もしてあります。
- 電子レンジで加熱する際は、ラップ（もしくは蓋）をすることを前提としています。
- 水切りヨーグルトは「ギリシャヨーグルト パルテノ」（森永乳業）を使用しました。
- はちみつを使用したものは、1歳未満の乳児には与えないでください。

CHAPTER 2

箸が止まらんもう一品

太らん里いもグラタン …… 44
にんじんガレット …… 46
ヤンニョム大根餅 …… 48
かぶのバター醤油焼き …… 50
太らん海鮮チヂミ …… 52
厚揚げ甘酢焼きのねぎサラダのせ …… 54
2種のはんぺんピザ …… 56
ほうれん草と鶏ひき肉の甘辛和え …… 58
ブロッコリーの白和え …… 60
なすの明太マヨ和え …… 62
かぼちゃのごま味噌和え …… 64
切り干し大根でオイキムチ風 …… 66
ポリポリ大根 …… 68
しょうがの佃煮 …… 70
さやいんげんの柚子胡椒和え …… 72

CHAPTER 3

体が整う爆食サラダ

ひじきと小松菜のミネラルサラダ 74
にんじんとささみのごま味噌サラダ 76
白菜と切り干し大根の美腸活サラダ 78
ごちそうごぼうサラダ 80
れんこんの梅マヨサラダ 82
蒸しブロッコリーサラダ 84
ズッキーニと切り干し大根のオイマヨサラダ 86
オクラとひじきの激うまサラダ 88
砂肝ときゅうりのサラダ 90
にんじんで美容液サラダ 91
ささみとピーマンのコクうまサラダ 92
ほうれん草とツナのサラダ 94
トマトのうま塩サラダ 96
トマトときゅうりのコチュジャンサラダ 98

CHAPTER 4

これだけで大満足ごはん

激うま鯖ごはん 100
吉野鶏めし風 102
腸活キーマカレー 104
なすのルーロー飯 106
きのこたっぷりプルコギ丼 108
トマトとキャベツのリゾット 110

CHAPTER 5

元気が出る朝ごはん

こまツナおにぎり …… 112
カレー風味のコールスロートースト …… 114
キャベツのもち麦スープ …… 116
野菜入りのレンチンオムレツ …… 118

CHAPTER 6

爆痩せ癒しのスープ

爆痩せキャベツたっぷりスープ …… 120
白菜たっぷりスープ …… 122
根菜クラムチャウダー …… 124
ブロッコリーのカレー豆乳スープ …… 126
農家の豚汁 …… 128
和風ミネストローネ …… 130
トマトともずくのサンラータン …… 132
ユッケジャンスープ …… 134

付録

太らない手作りスイーツ

かぼちゃのバスクチーズケーキ …… 136
塩麹のスイートポテト …… 138
バナナ蒸しパン …… 140

INDEX …… 142

母娘合わせて－15kg

食べて痩せるレシピのルール

ダイエットをしていてもしていなくても、おいしい料理が食べたい。
そんな願いを叶えるべく、日々料理と向き合うなかで見つけた、
私なりのルール7つを紹介したいと思います。

Rule 1 野菜やきのこ、豆腐でかさ増し

お肉やお魚を心ゆくまで堪能するために、野菜や豆腐を使ってかさ増し。旨味もボリュームもアップする一方、カロリーはオフ。安い食材でかさ増しすれば、節約にもなります。

なすに豚肉を巻いてジューシーに

きのこはかさ増し食材として優秀

Rule 2 食物繊維が豊富な食材を多めに

便秘予防に効果的なれんこん

ミネラルも豊富なひじきを一緒に

野菜は総じて食物繊維が豊富。腸内環境を整え、脂質や糖質、ナトリウムの排出を助けるなど、"第6の栄養素"と呼ばれています。ひじきなど海藻にも多いので、組み合わせて使うことも多いです。

Rule 3 噛みごたえのある仕上がりに

よく噛むことによって、脳は満腹感を感じやすくなり、食欲が抑えられるらしい……。ということで、砂肝、もち麦、れんこん、ごぼうなど、噛みごたえのある食材もよく使います。

砂肝は値段も安く、コスパ最強！

プチプチの食感もおいしいもち麦

Rule 4 低カロリーの食材をおいしく調理

火入れでしっとりジューシーに

下処理でより味が染み込みやすく

パサパサになりがちな鶏ささみは余熱でゆっくり火入れをしたり、糸こんにゃくは砂糖で揉み洗いをして臭みを消したり……とちょっと手間をかければ、よりおいしい仕上がりに。

Rule 5 「こってり」を別のもので代用

カロリーが高めなマヨネーズを極力使わないために、「水切りヨーグルトで代用」する方法もよくやります。また、さまざまな調味料を少量ずつ使って複雑味を出すことにより、物足りなさを解消。ヘルシーにしながらも満足いく一品に。

ヨーグルトで「こってり」を演出

Rule 6 栄養を逃さないためにレンチン

葉物ならレンチンで3～4分ほど

かぼちゃもレンチンでホクホクに

野菜に含まれるビタミンCやビタミンB群は水溶性で、ゆでると流れ出てしまうのですが、レンチンすれば栄養もそのまま。時短にもなるし、省エネにもなるし、いいことづくめなんです。

Rule 7 「重ね煮」でおいしく健康的に

重ね煮にすれば、油不使用。鍋の底に野菜から水を呼ぶ塩を入れ、きのこ・海藻類→果菜→葉菜→いも類→根菜→穀物→魚介類→塩の順に重ね入れる調理法。穴があいていない蓋をし、野菜から旨味を引き出します。

鍋底には必ず塩を入れる

野菜のアクも旨味に変わる調理法

おすすめの調味料&道具

料理をよりおいしくしてくれるおすすめの調味料と、便利なグッズを一挙紹介。

調味料

井上古式じょうゆ

風味豊かで、食材のおいしさを引き立ててくれる。豆腐に数滴垂らすだけでごちそうに。

千鳥酢

ツンとせず、コクがあり、酢の物やマリネ、サラダのドレッシングに使うと上品な逸品に。

三州三河みりん

まろやかな甘味と深いコクが、より料理をおいしくしてくれます。食材の臭みも軽減。

福みりん

本格米焼酎を使ったみりんで、芳《ほう》醇《じゅん》な香りが特徴。料理に奥行きを出したい時に重宝。

ヤマシチ純正胡麻油

ごまの旨味と風味が立ち、まろやかな味わいが◎。クセもなく、さまざまな料理に使えます。

SWEETOPIA LAKANKA

おいしい甘さのゼロカロリーシュガー。砂糖を多めに使いたい料理やスイーツ作りに。

てんさい糖

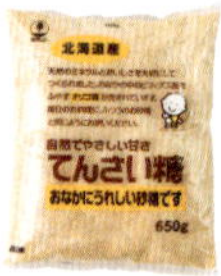

我が家での「砂糖」は、お腹の調子を整えるオリゴ糖を含むてんさい糖です。

あま酒

料理に甘味をプラスしたい時に、コクと旨味がある甘酒を使うことも多いです。

恵安の潮

塩なのに甘味も感じるミネラル塩。まろやかな風味もあり、少量でもおいしいんです。

マジカルスパイス

本書で出てくる「お好みのミックススパイス」はこれ。私のお気に入りです。

道具

スライサー&千切り器

［貝印］

野菜調理は、千切りや薄切りをする作業が欠かせません。そんな時に便利なのがスライサーや千切り器。包丁でやると幅がバラバラになったり、面倒なことも、これひとつで解消できちゃいます。

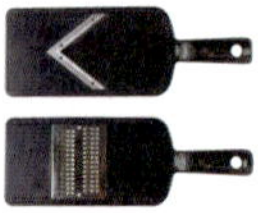

ボール・コランダー

［リス］

洗う、水切り、レンチン、保存の4つができちゃう便利なボウル。蓋付きなので、レンチン時もラップが不要。コランダーの穴から水が流れ出る仕様になっているので、食材も洗いやすいです。

コランダー&バット

［リッチェル］

これも、水切りや野菜のレンチン、保存に使える便利グッズ。下に水を入れてレンチンすれば食材を蒸すこともできます。食材のサイズや用途に応じて、「ボール・コランダー」と使い分けています。

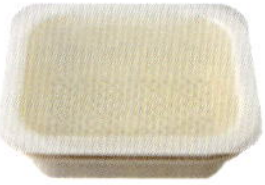

電子レンジでらくちん！ゆで卵

［和平フレイズ］

ゆで卵を作るためだけにガスコンロをひとつ使ってしまうのはもったいないし、ゆで時間も難しい。これさえあれば、そんな悩みも解消。レンチン7分、余熱3分で半熟卵ができちゃう優れもの。

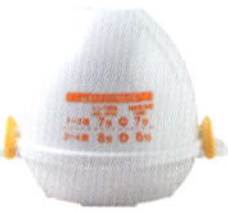

CHAPTER 1

太らんメインおかず

ほぼ野菜なのに激ウマ!!

肉巻きトマト＆ズッキーニのとろとろチーズがけ

豚肉の旨味とトマトとズッキーニのジューシーさが見事にマッチ。野菜のボリュームで食べごたえ抜群。

材料（4人分）

豚もも薄切り肉（しゃぶしゃぶ用）… 300g
トマト … 大1個
ズッキーニ … 1本
とろけるチーズ … 適量
ポン酢（適宜）… 適量
お好みのミックススパイス … 適量
サラダ油 … 少々

作り方

1. トマトは8等分に、ズッキーニも8～12等分のくし形切りにする。
2. 豚肉でトマトとズッキーニをそれぞれ巻き、ミックススパイスを振ってなじませる。
3. フライパンにサラダ油を薄くひき、②を交互に並べる。
4. 蓋をして中火にかけ、蒸し焼きにする。
5. ひっくり返して焼き、全体が色づいたらとろけるチーズをかける。
6. 蓋をして余熱で火を通したら完成。お好みでポン酢をつけていただく。

農家が教える豆知識

トマトは加熱することで酸味が和らぎます。豚肉で巻いて焼けば、加熱されたトマトがソース代わりにもなり、調味料がなくてもおいしくいただける一品に。来客時にも重宝します。

サラダだけじゃない！

レタス1玉が消える甘辛肉巻き

お肉のおかずは脂質が多くなりがち。
ヘルシーなレタスでかさ増しすると、
ダイエットしていても、していなくても大満足。

材料（4人分）

豚もも薄切り肉（しゃぶしゃぶ用）… 300g
レタス … 1玉

A
- 醤油 … 大さじ1
- 酒 … 大さじ1
- みりん … 大さじ1

お好みのミックススパイス（適宜）… 適量
塩 … 小さじ1
サラダ油 … 少々

作り方

1. レタスは芯を取り除き、太めの千切りにする。
2. ビニール袋に①と塩を入れ、シャカシャカ振って混ぜる。
3. レタスがしんなりしたら水で洗い、水気を切る。
4. レタスをぎゅっと絞って水気を切り、広げた豚肉の上に適量ずつのせて巻く。
5. フライパンにサラダ油を薄くひき、④を並べる。
6. 蓋をして中火にかけ、蒸し焼きにする。
7. ひっくり返して焼き、合わせたAを回しかける。
8. お好みでミックススパイスを振り、全体に味がなじんだら完成。

農家が教える 豆知識

レタスは重いものより軽くてふわふわしたものを選んでください。重いものは成長しすぎで、えぐ味や苦味を感じることも。レタスの芯は、芯の部分をグーパンチするときれいに取れます。

映えないけどほんとおいしい

豚ニラれんこんのオイスターソース炒め

れんこんを縦に切ると、輪切りよりも歯ごたえアリ！
食感も楽しいし、噛む回数も増えて満腹感が味わえるよ。

材料（3～4人分）

豚もも薄切り肉（しゃぶしゃぶ用）… 200g
ニラ … 1束
れんこん … 200g
えのき … 大1袋（200g）

A
- オイスターソース … 大さじ1/2
- 酒 … 大さじ1
- みりん … 大さじ1
- てんさい糖 … 大さじ1/2
- 酢 … 大さじ1
- 塩・黒こしょう … 各適量

ごま油 … 適量

作り方

1. れんこんは縦に包丁を入れ、5～7mm幅の拍子木切りにし、水にさっとさらす。ニラは5cm長さに、えのきは食べやすい長さに切る。
2. フライパンにごま油を熱し、豚肉を軽く炒めたら、れんこんとえのきを加えて炒める。
3. さらにニラを加え、さっと炒め合わせる。
4. 豚肉に火が通ったら、合わせたAを回しかけて全体に味をなじませながら炒める。れんこんに火が通ったら完成。

農家が教える 豆知識

形がでこぼこしておらず、濡れている泥付きのものを選ぶとほぼ間違いなし。肌ツヤがきれいなら皮をむかずに使っています。縦切りにする際、数秒レンチンしておくと割れにくいです。

あとを引くおいしさ!

我が家のスンドゥブ

本場で食べたことがないので、これが正解かはわからない。
どうも見た目は違うみたいだけど、おいしいから正解!

材料（4人分）

豚もも薄切り肉（しゃぶしゃぶ用）… 150～200g
玉ねぎ … 中1/2個
ニラ … 1束
にんじん … 適量
しめじ … 1パック
木綿豆腐 … 1丁（350～400g）
キムチ … 50g

A
- にんにくのすりおろし … 小さじ1
- 醤油 … 大さじ1/2
- オイスターソース … 大さじ1弱
- コチュジャン … 小さじ1
- 顆粒鶏ガラスープの素（適宜）… 小さじ1/2～1
- 水 … 250～300㎖

ごま油 … 小さじ1

作り方

1. 玉ねぎは5mm幅に、ニラは5cm長さに切る。にんじんは短冊切りにする。しめじはほぐす。
2. フライパンにごま油を熱し、玉ねぎを炒める。
3. 玉ねぎに火が通り始めたら、しめじ、ニラ、にんじん、キムチの順に加えて炒める。
4. 合わせたAと軽く水気を拭き取った豆腐を加え、豆腐を適当な大きさに崩す。
5. 最後に豚肉を加え、火が通るまで煮込んだら完成。

痩せポイントはここ

お肉を少なめにして豆腐をたっぷり使えばヘルシーに。鶏ガラスープの代わりに、あさりの缶詰を汁ごと加えると栄養価アップ。スープが残っても、翌日雑炊にすれば最高です！

食欲がない日におすすめ

夏野菜の冷しゃぶ

暑くなると食欲も落ちたり、夏バテしてしまったり……。
そういう時はさっぱり、食べやすいもので栄養とっていこ。

材料（4人分）

豚もも薄切り肉（しゃぶしゃぶ用）… 300g
なす … 大2本
きゅうり … 2本
大葉 … 適量

A
- 醤油 … 大さじ2～3
- オイスターソース … 大さじ2
- はちみつ … 大さじ1/2
- 酢 … 大さじ3
- コチュジャン（適宜）… 大さじ1/2
- ごま油 … 小さじ1

ごま油 … 適量

作り方

1. なすの表面にフォークなどで数か所穴をあけ、表面にごま油を塗ってラップで包む。
2. 電子レンジ（600W）で2～3分加熱し、手で縦に割く（状態を見て加熱時間を調整してください）。
3. ビニール袋にきゅうりを入れ、麺棒などで叩いて食べやすい大きさに割る。
4. 鍋に水適量を入れて火にかけ、沸騰したら弱火にし、豚肉を少量ずつしゃぶしゃぶする。色が変わったら、ザルにあげる（氷水に浸けたりせず常温で冷ますと、豚もも肉でもかたくならずに、やわらかい冷しゃぶができるよ）。
5. ボウルに豚肉、なす、きゅうり、合わせたAを入れて混ぜ合わせる。
6. 器に⑤を盛り、千切りにした大葉を添えたら完成。

農家が教える豆知識

大葉は、水を染み込ませたキッチンペーパーで根元を巻き、立たせた状態で保存しておくと日持ちします。工程①でなすにごま油を塗ると、色留めができるのでおすすめ。

豚バラ大根の常識がくつがえる

ねぎ塩だれの豚バラ大根

フライパンだけで作れる簡単豚バラ大根。大根から出た水分もおいしいスープ！

材料（4人分）

豚バラ薄切り肉（しゃぶしゃぶ用）… 250〜300g
大根 … 小1本（900g）
えのき … 大1袋（200g）
しめじ … 1パック

A
- 長ねぎのみじん切り … 1本分
- にんにくのみじん切り … 小さじ1
- しょうがのみじん切り … 小さじ1
- てんさい糖 … 大さじ1/2
- 顆粒鶏ガラスープの素 … 小さじ1
- 塩 … 小さじ1と1/2
- ごま油 … 大さじ1/2

塩 … 適量
水 … 50㎖

作り方

1. フライパンに塩少々を振る。
2. 食べやすい長さに切ったえのき、ほぐしたしめじをフライパンに入れる（まだ火はつけません）。
3. 大根は皮をむき、スライサーでスライスして②の上にのせる。
4. 大根の上に、適当な大きさに切った豚肉をのせる。
5. 豚肉の上に塩少々を振り、水を加えたら蓋をし、弱〜中火にかける。
6. 豚肉の色が変わり始めたら、軽く混ぜる。蓋をし、再度弱〜中火にかける。
7. 大根がクタクタになったら、合わせたAを加えて混ぜ合わせる。全体に味がなじんだら完成。

農家が教える 豆知識

きのこ類でかさ増しをするとお肉が少量でもボリュームアップ。大根はスライスしたものを使うことで下ゆでも不要で、早く火が入ります。工程⑤では、野菜が焦げないように水を加えて。

苦手な人も無限にいける

ピーマン嫌いのための 青《チン》椒《ジャオ》肉《ロー》絲《スー》

ピーマンを先に加熱してふにゃふにゃにすると、苦味がなくなって甘味が出ます。お試しあれ。

材料（4人分）

豚こま切れ肉 … 300g
ピーマン … 4個
じゃがいも … 中2個

A
- 片栗粉 … 大さじ1
- 醤油 … 大さじ1/2
- 酒 … 大さじ1

B
- 醤油 … 大さじ1
- オイスターソース … 大さじ1
- 酒 … 大さじ1
- みりん … 大さじ1
- てんさい糖 … 大さじ1/2

ごま油 … 適量

作り方

1. ボウルに豚肉とAを入れ、よく揉み込む。
2. ピーマンの表面にフォークなどで数か所穴をあけ、耐熱皿に入れる。ラップをして電子レンジ（600W）で2分～2分30秒加熱し、冷ます（ピーマンがふにゃふにゃになればOK）。
3. ピーマンとじゃがいもは千切りにし、じゃがいもは水に浸ける。
4. フライパンにごま油を熱し、①の豚肉を炒める。白っぽくなったら、水気をよく切ったじゃがいもを加え、3～4分炒め合わせる。
5. ピーマンと合わせたBを加え、炒め合わせたら完成。

農家が教える豆知識

ピーマンを先にレンチンすることで、苦味が軽減。 レンチンする前には数か所穴をあけて爆発しないように注意を。我が家の青椒肉絲は、たけのこの代わりに手軽に使えるじゃがいもで。

コクと酸味が絶妙にマッチ

チキンの腸活トマト煮込み

具だくさんなチキンの煮込みは、
もうこれだけでお腹いっぱいになるほど。

材料（4人分）

鶏もも肉 … 2枚
玉ねぎ … 中1/2個
キャベツ … 150g
さつまいも … 小1本（150g）
しめじ … 1パック
豆乳（無調整）… 50㎖
米粉 … 大さじ2

A
- トマト缶（ホール）… 1缶
- にんにくのみじん切り … 小さじ1
- 味噌 … 大さじ1
- 酒 … 大さじ3
- てんさい糖 … 大さじ1

塩・黒こしょう … 各適量
サラダ油 … 少々

作り方

1. 鶏肉は皮を取り除き、ひと口大に切る。
2. 玉ねぎは薄切りに、キャベツはざく切りに、さつまいもは乱切りにし、さつまいもは電子レンジ（600W）で5分加熱する。しめじはほぐす。
3. 鶏肉に塩、黒こしょう各少々を振り、サラダ油を熱したフライパンで焼く。
4. ほんのり焼き色がついたら玉ねぎ、キャベツ、しめじを加えて炒め、しんなりしてきたら米粉を加えて炒め合わせる。
5. 合わせたA、トマト缶に半量ほど入れた水（分量外）、さつまいもを加えて煮込む。
6. 煮詰まってきたら豆乳を加える。コトコト煮込んだら、塩、黒こしょう各少々で味を調えて完成。

農家が教える豆知識

さつまいもは寒さに弱いので、冷蔵庫で保存せずに、新聞紙にくるんで暗所に置くと甘味アップ。工程④では小麦粉を使用するとダマになりやすいので、米粉を使用しました。

罪悪感がないごはんのおかず

腸活チャプチェ

重ね煮にして、油をほぼ使わないからヘルシー。
旨味たっぷりで、ダイエットしていなくても食べたくなる。

材料（4～5人分）

豚こま切れ肉 … 300g
玉ねぎ … 大1/2個
ニラ … 1束
ピーマン … 3個
にんじん … 1/3本
えのき … 大1袋(200g)
糸こんにゃく … 1袋(300g)
切り干し大根 … 50g

A
- にんにくのすりおろし … 1片分
- 醤油 … 大さじ2
- はちみつ … 大さじ1
- ごま油 … 小さじ1

B
- 醤油 … 大さじ2
- オイスターソース … 大さじ2
- 酒 … 大さじ2
- コチュジャン … 大さじ1～

塩 … 少々

作り方

1. ボウルに合わせたAと豚肉を入れ、揉み込んで置いておく。
2. 切り干し大根は水でざっと洗って水気を絞り、長ければ切る。
3. 玉ねぎ、ピーマン、にんじんは細切りにする。えのきは食べやすい長さに切る。
4. 糸こんにゃくをザルに入れ、てんさい糖適量(分量外)をまぶして流水で洗う(できれば湯通しを)。
5. フライパンに塩を振り、糸こんにゃく、えのき、ピーマン、玉ねぎ、切り干し大根、にんじんの順に入れ、最後に豚肉を並べてのせたら、蓋をして弱火にかける(焦げそうなら水50mℓを足して)。
6. フライパンから蒸気が上がってきたら、合わせたBを加えて炒め合わせる。
7. 5cm長さに切ったニラを加え、ざっと炒め合わせてニラに火が通ったら完成。

痩せポイントはここ

食物繊維が豊富な糸こんにゃくを使います。糸こんにゃくのもちもち食感が、韓国春雨に近いので◎。糸こんにゃくにてんさい糖をまぶして洗えば、臭みがとれます。

なす嫌いでもぺろり

煮込みハンバーグ

オートミールや野菜をたっぷり使ってヘルシーに。
トマトソースで煮込めば大人も子どももどハマり！

材料（4人分）

鶏ひき肉 … 500g
玉ねぎ … 中1個
なす … 1本
えのき … 大1袋（200g）
豆乳（無調整／牛乳でも可）… 100㎖
卵 … 1個
オートミール（パン粉でも可）… 1カップ

A
- トマト缶（カット）… 1缶
- 醤油 … 大さじ2
- ウスターソース … 大さじ3
- てんさい糖 … 小さじ1と1/2～
- 酢 … 小さじ1

味噌 … 大さじ1
ナツメグ … 適量
お好みのミックススパイス
（塩・黒こしょうでも可）… 適量
サラダ油 … 適量

農家が教える豆知識

なすはハリがあり、ガクが実にしっかりついているものがベスト。おしりが茶色くなっていないものを選んで。ハンバーグになすを入れることで、かさ増しになるし、よりジューシーに。

作り方

1. 玉ねぎとえのきはみじん切りにし、なすは1cm角に切る。
2. ボウルにひき肉、①の野菜、豆乳、卵、オートミール、味噌、ナツメグ、ミックススパイスを入れてよくこねる。
3. ②のタネをお好みの大きさに分け、平たい丸形に成形する。
4. フライパンにサラダ油を熱し、③を並べて焼く。焼き色がついたらひっくり返し、両面に焼き色がつくまで焼く。
5. Aを加え、蓋をして中に火が通るまでよく煮込んだら完成。

冷めてもおいしい！

つくねハンバーグ

つくねの半量がきのこだからヘルシー。
だけどがっつり！　男性陣も大満足なひと品。

材料（4人分）

鶏ひき肉 … 300g
玉ねぎ … 中1/4個
長ねぎ … 1/2本
大葉 … 適量
えのき … 小1袋（100g）
まいたけ … 1パック
卵 … 1個
醤油 … 大さじ1
味噌 … 大さじ1強
オリーブオイル … 大さじ1/2〜1

作り方

1. 玉ねぎ、長ねぎ、えのき、まいたけはみじん切りにする。
2. ボウルにひき肉、①の野菜、卵、醤油、味噌を入れてよくこねる。
3. ②のタネをお好みの大きさに分け、平たい丸形に成形する。
4. フライパンにオリーブオイルを中火で熱し、③を並べて焼く。焼き色がついたらひっくり返し、蓋をして3〜5分蒸し焼きにする。
5. 火を止め、蓋をしたまま5分置き、余熱で中まで火を通す。
6. 器に⑤を盛り、千切りにした大葉を添えたら完成。

農家が教える 豆知識

玉ねぎをみじん切りにする時は、芯を残しておき、模様の放射線状に沿って包丁で切り込みを入れてから、横にしてザクザク切ると切りやすいし、一回できれいなみじん切りになります。

なすを使えばよりジューシー！

なすまるごと餃子

ダイエット重視なら鶏むねミンチで。
脂質にこだわっていなければ豚ミンチで。

材料（4人分）

鶏ひき肉（豚ひき肉でも可）… 200g
ニラ … 1/2束
長なす … 中4本（1本80g）
片栗粉 … 適量

A
- にんにくのすりおろし … 小さじ1
- しょうがのすりおろし … 小さじ1〜
- 片栗粉 … 大さじ1と1/2
- 醤油 … 大さじ1
- 酒 … 大さじ1/2
- てんさい糖 … 小さじ1強
- 塩 … 小さじ1/2弱
- 黒こしょう … 少々
- ごま油 … 小さじ1

ポン酢（適宜）… 適量
ラー油（適宜）… 適量
サラダ油 … 適量

作り方

1. ボウルにひき肉、みじん切りにしたニラ、Aを入れてよくこねる。
2. 長なすのヘタを切り落とし、縦半分に切り込みを入れ、切り口に片栗粉をまぶす。
3. ②の切り込みを開き、①の肉ダネをギュウギュウに詰め、スプーンなどで表面を整える（パキッと割れかけても押し込めて）。
4. フライパンにサラダ油を熱し、③の肉ダネの面を下にして並べる。焼き色がついたらひっくり返し、水150mℓ（分量外）を加え、蓋をして蒸し焼きにする。
5. 全体に火が通ったら完成。お好みで、ポン酢とラー油をつけていただく。

痩せポイントはここ

なすをまるごと使うことで、ジューシーになるだけでなく、ボリュームもアップ。工程④はレンチンでもいいけど、色味が悪くなってしまうので、やっぱりフライパンで焼くのがおすすめ。

超絶簡単な、皮を使わない

白菜シュウマイ

これをシュウマイと言っていいのかはわからないけど、
とにかくふわふわでジューシーで激うま！

材料（4人分）

鶏むねひき肉 … 200～250g
玉ねぎ … 中1/4個
白菜 … 1/4個（500g）
えのき … 小1袋（100g）
絹ごし豆腐 … 小1パック（150g）
片栗粉 … 大さじ1弱

A
- しょうがのすりおろし … 小さじ1
- 片栗粉 … 大さじ2
- 塩 … 小さじ1弱
- 黒こしょう … 適量
- ごま油 … 大さじ1/2

作り方

1. 白菜は細切りにする。耐熱容器に入れてラップをし、電子レンジ（600W）で4分加熱する。
2. 玉ねぎとえのきはみじん切りにする。豆腐はキッチンペーパーで包み、ぎゅっと絞って水気を切る。
3. ボウルにひき肉、玉ねぎ、えのき、豆腐を入れ、Aを加えてよく混ぜ合わせる（ビニール袋で混ぜれば手が汚れません）。
4. ①の白菜の水気を絞って別のボウルに入れ、片栗粉を振って混ぜる。
5. フライパンにクッキングシートを敷き、③の肉ダネを形よく敷き詰める。その上に④の白菜をまんべんなくのせる。
6. クッキングシートの脇から水100～200㎖（分量外）を注ぎ入れ、蓋をして中火で10分蒸し焼きにする（水がなくならないように注意して）。肉ダネに火が通ったら完成。

農家が教える豆知識

白菜を細切りにする時は、芯を切り落とさず、つけたまま切るとバラバラになりません。1/4サイズの白菜を選ぶ時は、中が黄色のものを選んだほうが新鮮です。

子どもも大人も大絶賛

鯖とれんこんのピリ辛味噌炒め

魚のかさ増しレシピのレパートリーを増やしたいと思って考案。
鯖の脂は体脂肪になりにくい不飽和脂肪酸なのがうれしい。

材料（4人分）

鯖（骨なし／無塩）… 半身2枚
れんこん … 200～250g
小ねぎ（適宜）… 適量
片栗粉 … 大さじ3

A
- 醤油 … 大さじ1/2
- 味噌 … 大さじ1
- 酒 … 大さじ1
- みりん … 大さじ1
- てんさい糖 … 大さじ1/2
- コチュジャン … 小さじ1

オリーブオイル … 大さじ3

作り方

1. 鯖は水気をしっかり拭き取り、食べやすい大きさに切る。れんこんは5mm幅のいちょう切りにする。
2. ビニール袋に鯖、れんこん、片栗粉を入れ、まんべんなくまぶす。
3. フライパンにオリーブオイルを熱し、②をきつね色になるまで焼く。
4. 合わせたAを加え、炒め合わせたら完成（焦げやすいので、Aの調味液を加えたら手早く炒め合わせて）。器に盛り、お好みで小口切りにした小ねぎを散らす。

痩せポイントはここ

食物繊維が豊富なれんこんでかさ増しをすると、鯖が半身2枚でも食べごたえ十分なひと皿になります。れんこんのシャキシャキした歯ごたえが、より満腹感につながり一石二鳥。

魚は更年期世代の痩せ食材

鮭ときのこのマリネ

1切れで1日分のビタミンDが摂れる！
40代以降落ちやすい筋力もサポートしてくれる。

材料（4人分）

鮭（骨なし／無塩）… 4切れ
小松菜（ほうれん草でも可）… 1束
えのき … 大1袋（200g）
しめじ … 1パック
まいたけ … 1パック
米粉（小麦粉でも可）… 大さじ1
A
- にんにくのすりおろし … 小さじ1
- 醤油 … 大さじ3
- みりん … 大さじ3
- 酢 … 大さじ3
- 顆粒鶏ガラスープの素 … 小さじ1

塩・黒こしょう … 各少々
ごま油 … 小さじ2

作り方

1. 鮭を3等分に切り、塩、黒こしょうを振ったら米粉をまぶす。
2. フライパンにごま油小さじ1を熱して①の鮭を焼き、火が通ったら取り出す。
3. ②のフライパンにごま油小さじ1を熱し、食べやすい大きさに切ったきのこを入れる。しばらく動かさず、しっかり焼き色がついたらひっくり返す。
4. きのこがしんなりしてきたら、合わせたAを加えて炒め合わせる。
5. ざく切りにした小松菜を加えて炒め合わせ、火が通ったら火を止める。②の鮭を戻し入れ、ざっくり合わせたら完成。

痩せポイントはここ

魚類単体ではなかなかボリュームが出せないし、魚は単価が高いので、比較的いつでもお手頃な値段のきのこ類を使ってかさ増ししています。ダイエットにもなるし、節約もできちゃう。

これはおいしすぎた！

鮭のうま味噌ホイル焼き

高たんぱく、低脂質、ビタミン豊富な鮭を、
ホイルでくるんで焼くだけの簡単レシピ！

材料（2人分）

鮭（無塩）… 2切れ
玉ねぎ … 中1/4個
キャベツ … 1枚
にんじん … 適量
えのき … 小1袋（100g）
A
- にんにくのすりおろし … 1片分
- 醤油 … 大さじ1/2
- 味噌 … 大さじ1強
- 酒 … 大さじ1/2
- みりん … 大さじ1/2
- てんさい糖 … 大さじ1/2強

サラダ油 … 少々

作り方

1. 玉ねぎは太めの薄切りに、にんじんは千切りにする。キャベツは食べやすい大きさに手でちぎる。えのきは石づきを落とす。
2. 鮭の水気を拭き取り、合わせたAを塗り込む。
3. ホイルにサラダ油を塗り、玉ねぎ、にんじん、えのき、キャベツ、鮭の順に置き、上で封をしてとじる。
4. フライパンに③を入れたら水適量（分量外／フライパンの底から1cm程度）を注ぎ入れ、蓋をして中火で10～15分蒸し焼きにする（沸騰したら弱火に。水がなくならないように注意を）。
5. 全体に火が通ったら完成。

CHAPTER 2

箸が止まらんもう一品

ダイエット中でも食べたい！

太らん里いもグラタン

里いもって実はダイエット食材って知ってた？
カロリーも糖質も、いも類の中でトップクラスに低い優秀食材。

材料（2～3人分）

豚ひき肉 … 150g
長ねぎ … 1本
里いも … 300g
しめじ … 1パック
豆乳（無調整）… 300㎖
とろけるチーズ … 適量
バター … 小さじ1
味噌 … 小さじ1～
顆粒コンソメスープの素（適宜）… 適量
塩・黒こしょう … 各少々

作り方

1. 里いもは皮ごとよく洗って食べやすい大きさに切り、耐熱容器に入れる。水50㎖（分量外）を加え、ラップをして電子レンジ（600W）で10～13分加熱する（吹きこぼれに注意／楊枝がすっと入るくらいまで）。
2. 長ねぎは斜め薄切りにする。しめじはほぐす。
3. ①の里いもにしっかりと火が入ったら、皮をむく。
4. フライパンにバターを熱し、ひき肉、長ねぎ、しめじを炒め、塩、黒こしょうを振ってさらに炒める。
5. 全体がしなっとしてきたら、③の里いもを加えて炒める。
6. 豆乳と味噌を加え、里いもを少し崩すようにして煮詰めていく。味見しながら、お好みでコンソメスープの素を加える。
7. とろみがついたらグラタン皿に入れ、とろけるチーズをかける。
8. トースター（1000W）でチーズに焦げ目がつくまで焼いたら完成。

農家が教える豆知識

里いもは楊枝がすっと入るまで加熱し、しっかりやわらかくすることで皮がきれいにむけます。小麦粉を使わず、里いものとろみを利用してホワイトソースにしたので、作るのも簡単。

1人で1本は余裕でいける!

にんじんガレット

レンチンしてから焼くので、時短になるうえ、
にんじんが甘々でめーっちゃおいしいから!

材料（2人分）

にんじん … 2本（300g）
とろけるチーズ … 30～40g
片栗粉 … 大さじ1
塩・黒こしょう … 各少々
オリーブオイル … 小さじ1

作り方

1. にんじんはスライサー（もしくは包丁）で千切りにし、電子レンジで（600W）3分加熱する。
2. ざっくりと混ぜて冷ましたら、片栗粉を加えて混ぜる。
3. フライパンにオリーブオイルを熱し、とろけるチーズを入れる。溶けてきたら、②を入れて平らになるように形を整える。
4. 塩、黒こしょうを振ったらひっくり返して焼き、両面に焼き色がついたら完成。

痩せポイントはここ

にんじんは食物繊維が豊富。油と一緒に調理し、加熱することで甘くなるし、βカロテンを最大限に吸収できるというううれしい効果も。免疫が高まり、皮膚や粘膜を健康にしてくれるβカロテンをたっぷりと。

罪悪感なく食べられる

ヤンニョム大根餅

大根を大量消費できるし、もっちもちだから腹持ちもいい！
大根ってわからないほどのお餅感。多分1枚じゃ足りないよ（笑）。

材料（1枚分）

大根 … 300g
長ねぎ … 1本弱
小ねぎ … 適量
とろけるチーズ … 20g
韓国のり … 適量
かつお節 … 1パック(1.5g)
片栗粉 … 大さじ3

A
- にんにくのすりおろし … 小さじ1
- 醤油 … 大さじ1
- 酒 … 大さじ1
- みりん … 大さじ1
- はちみつ … 小さじ1
- コチュジャン … 小さじ1

ごま油 … 適量

作り方

1. 大根はスライサーで千切りにする。長ねぎは斜め薄切りにする。
2. ボウルに大根、長ねぎ、とろけるチーズ、かつお節、片栗粉を入れてよく混ぜる。
3. フライパンにごま油を弱～中火で熱し、②を入れて丸く形を整え、焼き目がつくまで焼く。
4. 焼いている間に、別のボウルにAを入れて混ぜ合わせる。
5. ③をひっくり返して焼き、表面からふつふつと水分が出てきたら、④のたれを回し入れる。
6. 器に焼き上がった大根餅を盛り、韓国のり、刻んだ小ねぎを添えたら完成。

農家が教える豆知識

皮にハリとツヤがあり、葉っぱがポロポロ落ちないものがみずみずしい大根。さらに、ひげ根の跡がまっすぐ並んでいるのは生育環境が良かった証拠なので、選ぶ基準にしてください。

ポイントはかつお節と粉チーズ

かぶのバター醤油焼き

今回使ったのは「あやめ雪」という品種のかぶ。
白いかぶでももちろん作れるよ。

材料（2～3人分）

かぶ … 小3個
粉チーズ … 適量
バター … 小さじ1
かつお節 … 1パック（1.5g）
醤油 … 小さじ1
塩・黒こしょう … 各少々
オリーブオイル … 大さじ1/2～

作り方

1. かぶはよく洗い、茎が少しついた状態で6～8等分のくし形切りにし、水で洗う。茎は刻む。
2. フライパンにオリーブオイルを弱～中火で熱し、かぶを焼く（焼き色がつくまでいじらないで）。
3. 塩、黒こしょうを振り、ひっくり返したら刻んだ茎と水大さじ2（分量外）を加え、蓋をして蒸し焼きにする。
4. かぶがやわらかくなったら火を止め、粉チーズ、バター、かつお節、醤油を加え、全体を絡めたら完成。

農家が教える豆知識

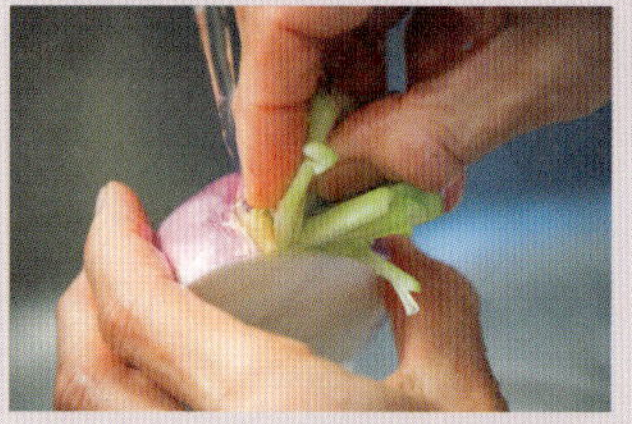

かぶの品種のひとつ「あやめ雪」はやわらかいし、色もきれいなので見かけたらぜひ試してみて。小さめなかぶは皮ごと食べられるのでむかなくてOK。根元はよく洗ってから使って。

ちくわがいい仕事をしてくれる

太らん海鮮チヂミ

ちくわやエビを使えば旨味がたっぷり。
ちくわは安価なうえ、低脂質でダイエッターの味方！

材料（2～3人分）

エビ … 3尾
ちくわ … 2本
ニラ … 1/2束
長ねぎ … 1本
にんじん … 1/4本
絹ごし豆腐 … 小1パック（150g）
キムチ … 大さじ1
片栗粉 … 大さじ4
めんつゆ（4倍濃縮）… 小さじ1
ポン酢 … 適量
顆粒鶏ガラスープの素 … 小さじ1/2
ごま油 … 小さじ1

作り方

1. ボウルに豆腐、片栗粉、めんつゆ、鶏ガラスープの素を入れ、とろとろになるまで混ぜる。
2. 小さく切ったエビ、薄い輪切りにしたちくわ、5cm長さに切ったニラ、小口切りにした長ねぎ、千切りにしたにんじん、食べやすいサイズに切ったキムチを加え、よく混ぜ合わせる。
3. フライパンにごま油を熱し、②を流し入れ、丸く形を整えて焼く。
4. 焼き色がついたらひっくり返して焼く（一度お皿に入れてからひっくり返すとやりやすいよ）。両面に焼き色がついたら完成。ポン酢のほか、お好みでコチュジャンや白炒りごまをつけていただく。

痩せポイントはここ

ちくわは腹持ちもよく、脂肪分が少ないうえにカロリーも低いので、ダイエット食材として優秀。良質なたんぱく質も含んでいるので、おすすめ食材です。冷蔵庫に常備しておくと便利。

おかずにも、酒の肴にもなる

厚揚げ甘酢焼きの ねぎサラダのせ

ねぎサラダは韓国では「パジョリ」「パムチム」って言うんだって。
血行促進、糖質燃焼を助けてくれるねぎを食べたい時はこれ。

材料（4人分）

【厚揚げ甘酢焼き】

厚揚げ … 300g

A
- 醤油 … 大さじ2
- てんさい糖 … 大さじ1
- 酢 … 大さじ1/2

サラダ油 … 少々

【ねぎサラダ】

長ねぎ（白い部分が多いもの）… 2本

B
- にんにくのすりおろし … 1片分
- 醤油 … 大さじ2
- てんさい糖 … 大さじ1～2
- 酢 … 大さじ2
- 韓国唐辛子（粗びき）… 大さじ1

白炒りごま（適宜）… 適量

ごま油 … 大さじ1～2

作り方

1. ねぎサラダの長ねぎは緑の部分と白い部分に分ける。白い部分は縦に切り込みを入れ、中の芯の部分は取り除く。
2. 長ねぎの外側の部分を斜め細切りにし（緑の部分も白い部分も）、水に10分ほど浸けて少し揉み込む（辛味が苦手な人は浸ける時間を長めに）。
3. 厚揚げを1cm幅に切り、サラダ油を熱したフライパンで両面を焼く。
4. ほんのり焼き色がついたら合わせたAを加えて絡め、汁気を飛ばすようにして焼く。
5. ボウルに水気をよく切った②の長ねぎを入れ、ごま油を加えて和える。
6. 食べる直前に⑤にBを加えて和え、お好みで白ごまを振る。
7. 器に④を盛り、⑥をのせたら完成。

農家が教える豆知識

長ねぎは茎がきゅっとしまっていて、白い部分と緑の部分の境目がはっきりしているもの、葉先までピンとしているものを選んでください。今回は中の芯の部分は使いませんが、味噌汁の具材にすると無駄がありません。

ねぎたっぷりがおいしい!

2種のはんぺんピザ

ふわふわな歯ごたえと魚の風味がたまらないはんぺん。
チーズをのせて焼いたら、あっという間にピザの完成。

材料（2人分）

しらす … 適量
はんぺん … 1枚
長ねぎ … 1本
キムチ … 適量
とろけるチーズ … 適量
A ┌ 醤油 … 小さじ1/2
　 └ マヨネーズ … 大さじ1

作り方

1. はんぺんは薄く半分に切り、さらに4等分に切る。長ねぎはみじん切りにする。
2. ボウルにAを入れて混ぜ、はんぺんの表面に塗る。
3. はんぺん半量にはキムチ、長ねぎ、とろけるチーズの順にのせる。残りのはんぺんには、しらす、長ねぎ、とろけるチーズの順にのせる。
4. 天板にホイルを敷き、③を並べる。
5. トースター（1000W）で④をこんがり焼き色がつくまで焼いたら完成。

痩せポイントはここ

低カロリーかつ低脂肪、高たんぱく質のはんぺんもダイエット向き食材。ふわふわとした食感で、かさ増しにも使えるので、我が家のストック食材のひとつです。

あまったらお弁当のおかずに！

ほうれん草と鶏ひき肉の甘辛和え

これは絶対鶏ひき肉がおすすめ。カロリーもそうだけど、豚ひき肉は冷めると脂が固まってしまうので、やっぱり鶏。

材料（4人分）

鶏ひき肉 … 100g
ほうれん草 … 1束
にんじん … 1/4本
A
- 醤油 … 大さじ1
- 酒 … 大さじ1
- てんさい糖 … 大さじ1/2

作り方

1. ほうれん草は根元に十字の切り込みを入れ、よく洗う。5cm長さに切ったら、耐熱容器に入れる。
2. にんじんは千切りにし、①の耐熱容器に加え、ラップ（蓋）をして電子レンジ（600W）で4分加熱する。
3. 別の耐熱容器にひき肉を入れ、Aを加えてよく混ぜたら、ラップをして電子レンジ（600W）で4分加熱する。
4. ②の野菜を水に浸けたら、水気をしっかり絞ってボウルに入れる。
5. ③のひき肉に火が通ったら④に加え、ざっくりと和えて完成。

農家が教える豆知識

冬のほうれん草はビタミンCが夏の3倍！　根元も甘く、栄養価も高いのでおすすめです。根っこを少し切り落としたら、切り口に十字に切り込みを入れてから洗うと、汚れが取り除けます。

濃厚な風味に仕上げた

ブロッコリーの白和え

栄養の宝庫のブロッコリーは、大人気食材。
味噌とクリームチーズでクリーミーに、コクをプラス。

材料（3～4人分）

ブロッコリー … 大1個
絹ごし豆腐 … 小1パック（150g）
クリームチーズ … 30g
かつお節 … 適量
味噌 … 大さじ1/2
めんつゆ（4倍濃縮）… 大さじ1/2
塩 … 適量
黒こしょう … 少々
オリーブオイル … 小さじ1

作り方

1. ボウルに豆腐、クリームチーズ、味噌、めんつゆを入れ、よく混ぜ合わせる。
2. ブロッコリーは食べやすい大きさに切り（茎は皮を厚めにむいて使う）、ざっと洗う。
3. フライパンに水100㎖（分量外）、ブロッコリー、塩ひとつまみ、オリーブオイルを入れ、蓋をして中火にかける。
4. 2分30秒蒸したらブロッコリーをひっくり返し、蓋をしてさらに2分蒸す（お好みのかたさになるようにゆで時間は調整を）。
5. ブロッコリーの水気をしっかり切ったら、①に加えてよく和える。
6. かつお節を加え、塩少々、黒こしょうを振ってよく混ぜたら完成。

農家が教える豆知識

ブロッコリーはある程度房ごとに切り落としたら、房の根元に切り込みを入れて手で割くようにすると、蕾《つぼみ》の部分がポロポロしにくいです。 たくさんの水でゆでると栄養素が流れ出てしまうので、少量の水で蒸すようにゆでて。

だまされたと思って食べてみて（笑）

なすの明太マヨ和え

なす料理のレパートリーを増やしたくて考案。
なすを油で焼くのが気になるなら、レンチンでも◎。

材料（4人分）

明太子 … 30g
なす … 中3本
片栗粉 … 適量
A
- にんにくのすりおろし … 小さじ1
- 豆乳（無調整）… 大さじ1/2
- 醤油 … 小さじ1
- ポン酢 … 少々
- マヨネーズ … 大さじ1～

サラダ油 … 適量

作り方

1. なすは食べやすい大きさの乱切りにし、片栗粉を薄くまぶす。
2. フライパンにサラダ油を熱し、なすを色よく焼く。
3. ボウルにほぐした明太子とAを入れて混ぜ、なすを加えて和えたら完成。

農家が教える豆知識

なすと明太マヨの組み合わせは最強。なすは大きめに切るとみずみずしさが残ります。また、加熱すると縮んでしまうので大きめサイズに切るのがおすすめ。なすはレンチンするより、焼いたほうが圧倒的においしいので、ここではダイエットはひと休み。

煮物だけじゃない

かぼちゃのごま味噌和え

かぼちゃはレンチンすれば、ホクホクの仕上がりに。
βカロテンたっぷりの美容野菜をごま味噌和えで！

材料（4人分）

かぼちゃ … 400g

A
- 白すりごま … 大さじ1～
- 醤油 … 小さじ1弱
- 味噌 … 大さじ2
（塩味が強い味噌なら少なめに）
- みりん … 大さじ2
- てんさい糖 … 大さじ1

作り方

1. かぼちゃはひと口大に切り、耐熱容器に入れる。ラップ（蓋）をし、電子レンジ（600W）で6～7分加熱する（竹串がすーっと通るまで）。
2. 耐熱ボウルにAのみりんを入れてふんわりとラップをし、電子レンジ（600W）で1分加熱する（沸騰させる）。
3. ②にほかのAの材料を加えて混ぜ合わせる。
4. ③にかぼちゃを加え、和えたら完成。

痩せポイントはここ

かぼちゃは美容にうれしいカリウムや食物繊維が豊富なので、日々の料理に取り入れたい食材のひとつ。カットかぼちゃを買う時は、皮のギリギリのところまでオレンジ色のものを選ぶとおいしいです。加熱はレンチンすれば調理も簡単！

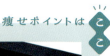

きゅうりを大量消費できる

切り干し大根でオイキムチ風

カリウムが豊富なきゅうりと切り干し大根でむくみ撃退！
約95%が水分のきゅうりで、夏の水分補給にも。

材料（作りやすい分量）

きゅうり … 3～4本（300g）
にんじん … 1/3本（50g）
切り干し大根 … 30g
A
- にんにくのすりおろし … 小さじ1/2
- しょうがのすりおろし … 小さじ1/2
- 醤油 … 大さじ1/2
- はちみつ … 大さじ1/2～
- コチュジャン … 大さじ1/2～

塩 … 小さじ1

作り方

1. ビニール袋にきゅうりを入れ、麺棒などで叩いて適当な大きさに割る。
2. 塩を加え、よく混ぜたら置いておく。
3. にんじんは千切りにする。
4. 切り干し大根は水でよく洗って軽く水気を絞り、長ければ切る。
5. ボウルににんじん、切り干し大根、Aを入れてよく混ぜる。
6. 水気をよく切ったきゅうりも加え、よく和えたら完成。

痩せポイントはここ

きゅうりは包丁で切るよりも、叩いて割ったほうが、調味液が絡みやすいです。本来は大根を使う料理ですが、保存食材の切り干し大根を使えば、年中作れるうえ、ミネラルも豊富です。

爆速でできあがる

ポリポリ大根

生の大根は消化酵素が豊富で、たんぱく質やでんぷん、脂肪の分解を助けてくれるんだって！

材料（作りやすい分量）

大根 … 1/2本（600g）

A
- にんにくのすりおろし（チューブ）… 2〜3cm
- 塩昆布 … 大さじ1
- 白炒りごま … 適量
- 醤油 … 大さじ1〜1と1/2
- てんさい糖 … 小さじ1
- 酢 … 小さじ1
- ごま油 … 大さじ1

B
- てんさい糖 … 小さじ1/2
- 塩 … 小さじ1/2

作り方

1. 大根は5mm幅のいちょう切りにする。
2. ビニール袋に大根を入れ、Bを加えてシャカシャカ振り、10分置く。
3. ボウルに水気を絞った大根とAを入れ、よく混ぜ合わせたら完成。

痩せポイントはここ

大根の消化酵素でデトックス効果があるほか、食物繊維もビタミンも豊富。胃腸を助ける作用もあるので、食卓にあるとうれしい一品です。漬けたままにしておくと味が濃くなるので、長く漬けたままにするなら醤油は大さじ1で。

代謝がアップする

しょうがの佃煮

体温が1度上がるだけで、基礎代謝が約13%上がるらしい。
しょうがパワーで免疫も代謝も上げてこ。

材料（作りやすい分量）

しょうが … 250g
塩昆布 … 3g
かつお節 … 2パック(3g)
A
- 醤油 … 大さじ4
- みりん … 大さじ3
- てんさい糖 … 大さじ4～5
- 水 … 70～80㎖

作り方

1. しょうがは千切りにし、2回ほどゆでこぼす。
2. 鍋にしょうが、かつお節、Aを入れ、中火にかけて煮る。
3. 汁気が少なくなったら塩昆布を加え、軽く煮たら完成。

農家が教える豆知識

鮮度のいいしょうがなら、土を落としてきれいに洗えば皮ごと使えます。工程①で1回目にゆでこぼしたゆで汁は、豚汁に使ったり、かぼちゃを煮たり、はちみつとレモンでハニージンジャーにしたり、と使い方いろいろ。

柚子胡椒がおいしさを後押し

さやいんげんの柚子胡椒和え

さやいんげんは頭やおしりにしわがないものを選んで。
食味がよく、やわらかいのが特徴です。

材料（4人分）

さやいんげん … 200g

A
- 塩昆布 … ひとつまみ
- 醤油 … 小さじ1/2
- マヨネーズ … 大さじ1と1/2
- 柚子胡椒 … 小さじ1/2

塩 … ひとつまみ

作り方

1. さやいんげんはヘタを落とし、半分に切る。
2. 鍋に湯適量（分量外）と塩を入れて火にかけ、沸騰したらさやいんげんをゆでる。
3. ボウルにAを入れて混ぜる。
4. 水気を切ったさやいんげんを加え、よく和えたら完成。

CHAPTER 3

体が整う爆食サラダ

煮物ばかりだと飽きるから

ひじきと小松菜の
ミネラルサラダ

味噌マヨで味つけしたら、爆食べ!!
家族全員の心をつかんだ栄養たっぷりサラダです。

材料（4人分）

ちくわ … 1～2本
芽ひじき（乾燥）… 10g
小松菜 … 1束
にんじん … 1/4本

A
- 白すりごま … 適量
- 醤油 … 小さじ1弱
- 味噌 … 大さじ1強
- マヨネーズ … 大さじ1と1/2
- はちみつ … 大さじ1/2
- ごま油 … 大さじ1/2

塩・黒こしょう … 各適量

作り方

1. 小松菜は洗って5cm長さに切る。耐熱容器に入れ、ラップをして電子レンジ（600W）で3分加熱する。冷水に浸けたら、水気をしっかり絞る。
2. 耐熱容器にひじきとたっぷりの水（分量外）を入れ、電子レンジ（600W）で3分加熱して戻す（その後、ゆでこぼしても）。
3. ちくわは輪切りに、にんじんは千切りにする。
4. ボウルにちくわ、ひじき、小松菜、にんじん、Aを入れ、よく混ぜ合わせる。
5. 塩、黒こしょうで味を調えたら完成。

農家が教える豆知識

ダイエット食材として優秀なひじきは、我が家では登場回数も多め。ひじきはミネラルと食物繊維が、小松菜はカルシウムとミネラルが豊富なので「ミネラルサラダ」と名付けました。たれが激うまなので箸が止まらない。

マヨなしだからカロリーオフ

にんじんとささみの ごま味噌サラダ

にんじんとキャベツは最強腸活コンビ。
大人向けなら粒マスタードを入れても◎。

材料（4人分）

鶏ささみ … 4本
キャベツ … 1/4個（250g）
にんじん … 1本（150g）

A
- 白すりごま … 大さじ1
- 醤油 … 小さじ1強
- 味噌 … 大さじ1と1/2
- はちみつ … 小さじ2
- 酢 … 大さじ1と1/2
- ごま油 … 小さじ1

作り方

1. 沸騰した湯に酒大さじ1（分量外）を入れ、ささみを加える。火を止め、蓋をして10分放置する。
2. キャベツとにんじんは千切りにし、電子レンジ（600W）で2分加熱したら水気を絞る。
3. ボウルに手で割いたささみ、キャベツ、にんじんを入れて混ぜ、Aで和えたら完成。

瘦せポイントはここ

ささみは、低カロリー&高たんぱく質のダイエット食材なので、食卓の登場率高め。パサパサにならないよう、工程①のように、余熱でやさしく火入れをするのがポイントです。

味見で半分は確実になくなる

白菜と切り干し大根の美腸活サラダ

食物繊維豊富な白菜と切り干し大根で「腸」を「美しく」。
切り干し大根は歯ごたえもあって、よく噛めば満腹に。

材料（4人分）

ツナ缶（水煮）… 1缶（70g）
白菜 … 1/4個（500g）
切り干し大根 … 40g
塩昆布 … 大さじ2
レモン汁（適宜）… 少々
塩 … 小さじ1
ごま油 … 大さじ1

作り方

1. 白菜は細切りにし、ビニール袋に入れて塩を振る。よく混ぜ、空気を抜いて置いておく。
2. 切り干し大根はざっと洗って絞る。
3. ①のビニール袋の端を切り、白菜から出た水分を出し、水気を絞る。
4. ボウルに白菜と切り干し大根を入れて合わせ、水分が出たら捨てる。
5. 汁気を切ったツナ、塩昆布、ごま油を加え、よく混ぜる。お好みでレモン汁を振って合わせたら完成。

農家が教える豆知識

切り干し大根は、白菜と合わせることで、白菜の水分でいい感じに戻るので、水で戻す作業が不要。ちなみに、白菜の表面にある黒い斑点はポリフェノールなので食べてOK。

食物繊維の塊

ごちそうごぼうサラダ

マヨネーズを使わず、豆腐、味噌、ごまでこってりと。
野菜もたくさん食べられるし、もう一品欲しい時に便利。

材料（作りやすい分量）

ちくわ … 2本
きゅうり … 1本
にんじん … 1/3本
ごぼう … 1本
絹ごし豆腐 … 小1パック（150g）

A
- わさび（チューブ）… 5cm ～
- 白すりごま … 大さじ1 ～
- 醤油 … 大さじ1
- 味噌 … 小さじ1
- ポン酢 … 大さじ1
- はちみつ … 小さじ1

作り方

1. きゅうり、にんじん、ごぼうはスライサーで千切りにし、ごぼうは水に浸けてアクを抜く。
2. 耐熱容器ににんじんとごぼうを入れ、ラップ（蓋）をして電子レンジ（600W）で2分～2分30秒加熱し、冷ます。
3. ボウルに豆腐とAを入れ、よく混ぜ合わせる。
4. きゅうり、にんじん、ごぼうの水気をよく絞って別のボウルに入れる。
5. 薄切りにしたちくわを④に加えて混ぜ、食べる直前に③の豆腐ドレッシングで和えたら完成。

農家が教える 豆知識

ごぼうはアク抜きが必要ないという説もありますが、サラダにする時は、我が家ではアク抜きをします。ごぼうはタワシで洗うと皮が取れすぎちゃうので、スポンジの粗目のほうでこすって。

シャキシャキでさっぱり

れんこんの梅マヨサラダ

れんこんって、節ごとに向いている料理があるらしい。
サラダ向きなのは「細い節」らしいよ。

材料（作りやすい分量）

れんこん … 300g
小ねぎ … 2～3本
梅干し（はちみつ梅）… 大2個
A
- 白すりごま … 大さじ1～2
- かつお節 … 適量
- 醤油 … 小さじ1
- マヨネーズ … 大さじ2
- てんさい糖 … 小さじ1

黒こしょう … 適量
ごま油 … 大さじ1/2

作り方

1. れんこんは皮をむいて3～4mm幅の半月切りにし、酢水（分量外）に3～4分さらす。
2. 耐熱容器に水気を切ったれんこんを入れ、ラップ（蓋）をして電子レンジ（600W）で3分～3分30秒加熱する（れんこんに火が通るまで）。
3. 小ねぎは小口切りにする。梅干しは種を取り除いて叩く。
4. ボウルに小ねぎ、梅干し、Aを入れてよく混ぜ、②のれんこんを加えて混ぜ合わせる。
5. 黒こしょうとごま油を加えてよく和えたら完成。

農家が教える 豆知識

れんこんは節によって向いている料理が異なります。見た目が丸くて小さい節は、シャキシャキ食感が特徴なのでサラダ向き。大きい節はホクホク食感が特徴なので煮物向き。

ゆでるより蒸したほうが断然おいしい！

蒸しブロッコリーサラダ

ダイエットのお供食材のブロッコリー。
蒸せば、味も濃いまま、栄養もたっぷりのまま。

材料（4人分）

ブロッコリー … 大1個

A
- にんにくのすりおろし … 小さじ1
- 塩昆布 … 大さじ1
- めんつゆ（4倍濃縮）… 大さじ1/2～
- マヨネーズ … 大さじ1/2～

塩 … 少々

オリーブオイル … 大さじ1

作り方

1. ブロッコリーは食べやすい大きさに切り（茎は皮を厚めにむいて使う）、ざっと洗う。
2. フライパンに水100㎖（分量外）を入れて中火にかけ、ブロッコリーを加える。
3. 塩とオリーブオイルを回しかけ、蓋をして3～4分蒸す。ざっくり混ぜたら、蓋をしてさらに3～4分蒸す。
4. お好みのかたさになったら、ザルにあげて水気をよく切る。
5. ボウルにAを入れてよく混ぜ、ブロッコリーを和えたら完成。

農家が教える豆知識

ブロッコリーは、電子レンジを使うと、サイズごとに加熱具合が異なり、小さいものはしわしわになってしまうことも……。少ない水分量でフライパンで蒸すのをぜひ試してみて！

みずみずしい夏野菜をカレー風味で

ズッキーニと切り干し大根のオイマヨサラダ

ズッキーニって実はかぼちゃの仲間って知ってた？
でも、糖質もカロリーも低くてダイエットにぴったり!!

材料（作りやすい分量）

カニカマ … 適量
ズッキーニ … 2本
切り干し大根 … 20g
A
- オイスターソース … 小さじ1
- マヨネーズ … 大さじ1
- はちみつ … 小さじ1/2
- 顆粒鶏ガラスープの素 … 小さじ1/2
- カレー粉 … 少々

作り方

1. カニカマは縦に割いてほぐす。ズッキーニは千切りにする。
2. 切り干し大根は水でよく洗い、水に浸けて戻したら水気を絞る。
3. ボウルにカニカマ、ズッキーニ、切り干し大根を入れて軽く合わせる。
4. Aを加え、全体をよく混ぜ合わせたら完成。

農家が教える豆知識

ズッキーニは、小さいとかたいことがあるので、なるべく大きく、ツヤがあり、おしりの形がしっかりしているもの、ヘタは茶色くなく、全体が緑色のものを選ぶとおいしいです。

どんな主菜とも相性ばっちり！

オクラとひじきの激うまサラダ

オクラとひじきは食物繊維がたーっぷり。
ネバネバコリコリの食感もおいしいのです。

材料（作りやすい分量）

カニカマ … 2～3本
芽ひじき（乾燥）… 10g
きゅうり … 2～3本
オクラ … 15本
塩昆布 … 大さじ2
白炒りごま（適宜）… 適量
A
- 醤油 … 大さじ2
- はちみつ … 大さじ1/2
- 酢 … 大さじ2
- ごま油 … 大さじ1/2

塩 … 少々

作り方

1. カニカマは縦に割いてほぐす。
2. きゅうりは斜め薄切りにし、塩もみする。オクラはガクを取り除き、沸騰した熱湯で1分ゆでたら半分に切る。
3. 耐熱容器にひじきとたっぷりの水（分量外）を入れ、電子レンジ（600W）で3分加熱して戻す。
4. ボウルにひじき、きゅうり、オクラ、塩昆布を入れて軽く合わせ、Aで和える。カニカマを加えてざっと混ぜ、お好みで白ごまを振ったら完成。

農家が教える豆知識

オクラは、表面が濃い緑色で黒ずんでいないもの、小さめのものがやわらかいです。あまり日持ちしないので、熱湯でゆでて輪切りにし、冷凍保存しておけば、いろいろな料理に使えます。

これマジでハマるから!!

砂肝ときゅうりのサラダ

砂肝は、低カロリーで高たんぱく質なのでダイエット向き食材。歯ごたえもあるので、適度な量で満腹感が得られます。

材料（4人分）

砂肝（スライス）… 150g
きゅうり … 1～2本
A ┌ 醤油 … 小さじ1
　 │ マヨネーズ … 大さじ1
　 └ レモン汁 … 小さじ1
塩 … 小さじ1/2

作り方

1. 砂肝（スライスがなかったら薄切りにして）は沸騰した熱湯で2～3分ゆで、ザルにあげる。
2. きゅうりは薄くスライスし、塩もみして水気をよく絞る。
3. ボウルに砂肝ときゅうりを入れて合わせ、Aで和えたら完成。

使う食材はたったの2つ

にんじんで美容液サラダ

にんじんは腸活にもなるし、美肌成分も、
免疫力が高まる成分もいーっぱい！

材料（4人分）

ツナ缶（水煮）… 1缶（70g）

にんじん … 大1本（250g）

A
- 醤油 … 小さじ2
- マヨネーズ … 大さじ1
- はちみつ … 小さじ1
- レモン汁（酢でも可）… 小さじ2
- 顆粒和風だしの素 … 小さじ1

作り方

1. にんじんはスライサーで千切りにして耐熱容器に入れ、ラップをして電子レンジ（600W）で2分加熱し、冷ます。
2. ボウルに①のにんじん、汁気を切ったツナ、Aを入れ、よく混ぜ合わせたら完成。

ピーマンの苦味がアクセント

ささみとピーマンのコクうまサラダ

ささみをしっとり仕上げたら、それだけで美味。ピーマンも、この食べ方なら爆食できるよ。

材料（4人分）

鶏ささみ … 2本
ピーマン … 4個
塩昆布 … ひとつまみ

A
- 水切りヨーグルト … 大さじ1
- 醤油 … 大さじ1
- 味噌 … 小さじ1
- はちみつ … 小さじ1～2
- 酢 … 小さじ1
- ごま油 … 小さじ1

作り方

1. 沸騰した湯に酒大さじ1（分量外）を入れ、ささみを加える。火を止め、蓋をして10分放置する。
2. ピーマンは千切りにして耐熱容器に入れ、ラップをして電子レンジ（600W）で2分加熱する。
3. ボウルに手で割いたささみ、ピーマン、塩昆布を入れて合わせ、Aで和えたら完成。

農家が教える豆知識

ピーマンは色が濃く、ツヤがあるものを選んで。ヘタの切り口が黒ずんでなく、水っぽくなっていないものがより鮮度がよい目安。ささみはツナで代用しても美味。

倍量作ってもすぐなくなる！

ほうれん草とツナのサラダ

ほうれん草は根っこの部分に栄養があるから、
できるだけきれいに洗って使ってみて。

材料（4人分）

ツナ缶（水煮）… 1缶（70g）
ほうれん草 … 1束
にんじん … 1/2本
塩昆布 … 大さじ1
白炒りごま … 適量

A
- 醤油 … 小さじ1
- マヨネーズ … 大さじ1
- てんさい糖 … 小さじ1
- レモン汁 … 小さじ1

作り方

1. ほうれん草は根元もよく洗い、食べやすい長さに切って耐熱容器に入れる。
2. にんじんは千切りにし、①のほうれん草の上にのせ、ラップ（蓋）をして電子レンジ（600W）で3分30秒加熱する。
3. ボウルに水気を絞ったほうれん草とにんじんを入れ、Aで和える。
4. 汁気を切ったツナ、塩昆布、白ごまを加え、ざっくり混ぜ合わせたら完成。

農家が教える豆知識

旬の冬のほうれん草は軸が太く、根元がピンク色のものを選んで。 葉先がピンとしていて肉厚なものがおすすめです。 根元は甘く栄養も豊富なので、土臭さが苦手じゃなければ食べてみて。

心も体も元気になるリコピンパワー

トマトのうま塩サラダ

抗酸化作用もあるトマトは積極的に食べたい食材。
そのまま食べてもおいしいけど、これも絶品！

材料（4人分）

玉ねぎ … 中1/8個
トマト … 大1個
塩昆布 … 5g

A
- にんにくのすりおろし … 小さじ1
- 醤油 … 小さじ1
- 酢 … 大さじ1
- 顆粒鶏ガラスープの素 … 小さじ1
- ごま油 … 大さじ1/2～

お好みのミックススパイス … 適量

作り方

1. 玉ねぎはみじん切りにする。トマトは食べやすい大きさに切る。
2. ボウルに玉ねぎとAを入れて混ぜ、トマトと塩昆布を加えて和える。
3. ミックススパイスで味を調えたら完成。

農家が教える豆知識

トマトはおしり部分から放射線状に出ている「スターマーク」がおいしさのしるし。本数が多くはっきり出ているもの、ヘタが緑色のものを選んで。工程②で乾燥わかめを入れても、トマトの水分を吸っておいしく仕上がります。

ピリ辛が食欲そそる

トマトときゅうりのコチュジャンサラダ

辛味と酸味のバランスが絶妙な逸品。ほんのひと手間でいつもとひと味変わります。

材料（4人分）

トマト … 中2個
きゅうり … 2本
塩昆布 … 5g
酢 … 小さじ1
コチュジャン … 小さじ1
ごま油 … 小さじ1

作り方

1. トマトは食べやすい大きさに切る。きゅうりは乱切りにする。
2. ボウルにすべての材料を入れて和えたら完成。ひと晩置くと辛味がまろやかになってまたおいしい。

CHAPTER 4

これだけで大満足ごはん

魚でかさ増しごはん

激うま鯖ごはん

魚の脂は不飽和脂肪酸だから、お肉よりは太りにくい。
これを作って冷凍しておけば、食べたい時にレンチンで♪

材料（2合分／5合炊き炊飯器使用）

米 … 2合
鯖（骨なし／無塩）
… 半身2枚（冷凍なら解凍してから使用）
芽ひじき（乾燥）… 大さじ1
にんじん … 1/3本（50g）
きのこ（えのきやしめじなど）… 2袋

A
- 醤油 … 大さじ2
- 酒 … 大さじ2
- みりん … 大さじ2
- 酢 … 大さじ2

作り方

1. 耐熱容器にひじきとたっぷりの水（分量外）を入れ、電子レンジ（600W）で3分加熱して戻す（その後、ゆでこぼしても）。
2. にんじんは千切りにする。きのこは食べやすい大きさに切る。
3. 炊飯器に研いだ米、A、2合の目盛りよりやや少なめの水（分量外）を入れる。
4. ひじき、にんじん、きのこを加え、さらに食べやすい大きさに切った鯖をのせる。
5. 炊飯モードで炊き、ざっくり混ぜ合わせたら完成。

農家が教える豆知識

にんじんは葉っぱの切り口が小さめのものを選んで。にんじんの皮は出荷前に洗った時にむけるので、そのまま使っても大丈夫。食感が悪かったり、気になるようならむいてください。

大分の郷土めしを食べてみて！

吉野鶏めし風

炊き込みごはんをあまり食べない末っ子も、この鶏めしは大好き。
野菜も食べてほしくて小松菜も入れました。

材料（作りやすい分量）

ごはん … 2～3合分
鶏むね肉（もも肉でも可） … 1枚（250g）
小松菜 … 1束
ごぼう … 1本
A
- にんにくのすりおろし（チューブ） … 3cm
- 醤油 … 100㎖
- 酒 … 60㎖
- てんさい糖 … 大さじ2

サラダ油 … 少々

※具材はごはんに対して倍量の分量です。
半量を使用して残りは冷凍保存し、使う時は解凍して使用してください。

作り方

1. 鶏肉は小さく切る。小松菜は1cm幅に切る。ごぼうは洗ってささがきにし、水にさらす。
2. フライパンにサラダ油を熱し、鶏肉を炒める。色が変わってきたら、ごぼうを加えてさらに炒める。
3. ごぼうが透き通ってきたら、合わせたAを加えて煮詰める。煮汁が半量以下になったら、小松菜を加え、しんなりするまで炒め合わせる。
4. ボウルに熱々のごはんと③を半量入れて混ぜ、少し蒸らしたら完成。

痩せポイントはここ

鶏むね肉でも十分おいしいけど、鶏もも肉でも皮をはげば変わらないカロリーなので、どちらでも。この一品で、たんぱく質、食物繊維、糖質が摂れる万能ごはんです。

切り干し大根入りで超絶おいしい！

腸活キーマカレー

「大豆ミート」を使って〝お肉〟をかさ増し。
味はお肉そのまんま、でも脂質がかなりカットできちゃう。

材料（5～6人分）

ごはん … 茶碗5～6杯分
豚ひき肉 … 250g
大豆ミート（ミンチタイプ）… 100g
玉ねぎ … 中1/2個
にんじん … 1/3本
えのき … 200g
にんにくのみじん切り … 小さじ1
トマト缶 … 1缶（300g）
切り干し大根 … 40g
カレールー … 1片
A
- カレー粉 … 大さじ2
- 醤油 … 大さじ2
- 酒 … 大さじ1
- てんさい糖 … 大さじ1

オリーブオイル … 少々
水 … 100㎖

作り方

1. 切り干し大根は水でよく洗い、水に浸けて戻したら水気を絞り、みじん切りにする。
2. 玉ねぎ、にんじん、えのきもみじん切りにする。
3. フライパンにオリーブオイルを塗り、ひき肉とにんにくを入れて色が変わるまで炒める。
4. 玉ねぎ、にんじん、えのき、切り干し大根を加えて炒めたら、トマト缶、水、Aを加えて煮込む。
5. 玉ねぎがやわらかくなったら火を止める。大豆ミートと刻んだカレールーを加えたら再度火にかけ、ひと煮立ちさせる。
6. 器にごはんを盛り、⑤をかけたら完成。

痩せポイントはここ

大豆ミートを使い、さらにごはんをもち麦にすれば、食物繊維もたっぷり摂れて超絶ヘルシー。大豆ミートがなければ、豚ひき肉を300gに変更してください。カレーは余ったら冷凍保存で。

スパイスの利いた本格的な味

なすのルーロー飯

豚肉だけでこってりもおいしいと思うけど、
なすを豚肉で巻いたのもジューシーでめちゃおいしい！

材料（4人分）

ごはん … 茶碗4杯分
豚もも薄切り肉（しゃぶしゃぶ用）… 300g
小松菜 … 1束
なす … 2本
ゆで卵 … 4個分
A
- 醤油 … 大さじ3
- オイスターソース … 大さじ1～
- 酒 … 大さじ3
- みりん … 大さじ3
- てんさい糖 … 大さじ1と1/2
- 酢 … 大さじ1

カレー粉 … 小さじ1/3
シナモンパウダー（適宜）… 5～6振り
塩 … 適量
黒こしょう … 少々
ごま油 … 少々
サラダ油 … 少々

痩せポイントはここ

ジューシーにしたかったので、なすを使用しました。なすでかさ増しもできるので一石二鳥。五香粉《ウーシャンフェン》を、カレー粉とシナモンパウダーで代用すると、なんとも言えないスパイス風味が出せます。

作り方

1. 耐熱ボウルに食べやすい長さに切った小松菜を入れ、電子レンジ（600W）で2分加熱したら、冷水にとる。水気を絞って塩少々とごま油をまぶし、ざっと合わせる。
2. なすはヘタを取って縦4等分に切り、豚肉で巻く。
3. フライパンにサラダ油を塗り、②を焼き色がつくまで焼く。
4. 塩少々、黒こしょうを振り、合わせたAを加えて全体を絡めたら、カレー粉とお好みでシナモンパウダーを振って混ぜる。
5. 器にごはんを盛り、①の小松菜、食べやすい大きさに切った④、ゆで卵を彩りよくのせたら完成。

甘辛だれが白いごはんに合う！

きのこたっぷりプルコギ丼

お肉を堪能したい時は、きのこをたっぷり投入！
野菜もたくさん食べられるので、これ一杯で完結！

材料（4人分）

ごはん … 茶碗4杯分
豚もも薄切り肉（しゃぶしゃぶ用）… 400g
玉ねぎ … 中1/4個
小松菜 … 1束
もやし … 1袋
にんじん … 1/4本
えのき … 1袋
しめじ … 1パック
ゆで卵 … 4個分

A
- にんにくのすりおろし … 小さじ1
- 醤油 … 大さじ3
- 酒 … 大さじ2
- みりん … 大さじ2
- てんさい糖 … 大さじ1
- コチュジャン … 大さじ1

B
- にんにくのすりおろし … 小さじ1/2
- 白すりごま … 適量
- めんつゆ（4倍濃縮）… 大さじ1
- はちみつ … 小さじ1
- 塩 … 小さじ1

サラダ油 … 適量

作り方

1. 玉ねぎは薄切りに、小松菜はざく切りに、にんじんは短冊切りにする。きのこはほぐす。
2. フライパンにサラダ油を熱し、豚肉、玉ねぎ、にんじん、きのこを炒める。しんなりしたら、Aを加えて炒め煮にする。
3. 耐熱容器に小松菜ともやしを入れ、ラップをして電子レンジ（600W）で3分30秒～4分加熱し、水に浸けたら水気を絞る。
4. ボウルに③とBを入れ、混ぜ合わせる。
5. 器にごはん、②のプルコギ、④のナムル、ゆで卵を盛りつけたら完成。

農家が教える豆知識

もやしやきのこでかさ増ししたこのレシピ。もやしは、野菜室に入れるより、冷蔵室やチルド室に入れたほうが持ちがいいです。袋に楊枝で穴をあけて呼吸をさせると、さらに日持ちします。

鶏皮ははいでカロリーオフ！

トマトとキャベツのリゾット

フレッシュトマトは脂肪燃焼効果もあるし、
キャベツは整腸作用も。女性の強い味方ごはん。

材料（2人分）

もち麦ごはん … 200g
鶏もも肉 … 1枚
玉ねぎ … 中1個
キャベツ … 3〜4枚
トマト … 小3個（300g）
えのき … 大1袋（200g）
にんにくのすりおろし … 小さじ1
とろけるチーズ … 30g
顆粒コンソメスープの素 … 小さじ1
塩・黒こしょう … 各少々
オリーブオイル … 適量
水 … 200㎖

作り方

1. 鶏肉は皮を取り除き、細かく切る。玉ねぎとえのきはみじん切りに、キャベツは粗みじん切りに、トマトはざく切りにする。
2. フライパンにオリーブオイルとにんにくを入れて熱し、①を炒める。
3. 具材に火が通ったら、水、もち麦ごはん、コンソメスープの素を加え、汁気が少なくなるまで煮詰める。
4. とろけるチーズを加えてざっと混ぜ、塩、黒こしょうで味を調えたら完成。

CHAPTER 5

元気が出る朝ごはん

良い糖質は体のエネルギーに！

こまツナおにぎり

これひとつで糖質、たんぱく質、野菜が摂れる！
バランスよく食べて、１日を元気に始めよう。

材料（4人分）

もち麦ごはん（白ごはん、雑穀ごはんなど）… 600g
ツナ缶（オイル）… 1缶（70g）
小松菜 … 1束
白炒りごま … 適量
かつお節 … 2パック（3g）
醤油 … 大さじ2
みりん … 大さじ2
塩 … 適量
ごま油 … 小さじ2

作り方

1. 小松菜はみじん切りにする。
2. フライパンにごま油を熱し、小松菜を炒める。
3. 塩を振って炒めたら、醤油とみりんを加えて汁気を飛ばしながらさらに炒める。
4. 火を止め、かつお節を加えて混ぜ合わせる。
5. ボウルにごはん、④の小松菜、油を切ったツナ、白ごまを入れて混ぜ、おにぎりにしたら完成。

農家が教える豆知識

小松菜を選ぶ時は、葉先をチェックしてください。葉先がしおれていたり、黄色くなっているものは避け、肉厚で緑が濃く鮮やかなものを選びましょう。茎もハリがあるものを。

朝から美意識が上がる！

カレー風味のコールスロートースト

コールスローだけで食べて副菜にしても。
我が家では余ったぶんをトーストにして朝ごはんに。

材料（4人分）

食パン（6枚切り）… 4枚
ツナ缶（水煮）… 1缶（70g）
キャベツ … 1/2個（500g）
にんじん … 1/3本（50g）
とろけるチーズ … 適量

A
- 水切りヨーグルト … 大さじ3
- マヨネーズ … 大さじ1
- はちみつ … 小さじ1
- 酢 … 小さじ1
- カレー粉 … 小さじ1/2〜
- お好みのミックススパイス … 適量

塩 … 小さじ1

作り方

1. キャベツとにんじんは千切りにする。
2. ボウルにキャベツを入れて塩を振り、混ぜたら少し置いておく。
3. ②の水気をしっかりと切り、にんじん、汁気を切ったツナ、Aを加えてよく混ぜ合わせる。
4. 食パンに③のコールスローをのせ、とろけるチーズを上にかける。
5. トースター（1000W）で④をほんのり焼き色がつくまで焼いたら完成。

痩せポイントはここ

マヨネーズはほんの少しだけ、主にヨーグルトを使っているのでカロリーオフに。ヨーグルトだとさっぱりしすぎるので、カレー粉を加えてスパイシーに仕上げました。

腸内環境を良くしてくれる

キャベツのもち麦スープ

キャベツのスープに炊いたもち麦ごはんをイン。
腹持ちがすごくいいのに、とってもヘルシー!!

材料（作りやすい分量）

もち麦ごはん … 適量（1人分は100gが目安）
豚ひき肉 … 100～200g
キャベツ … 1/4個（250g）
にんじん … 1/3本（50g）
えのき … 大1袋（200g）
卵 … 適量
わかめ（乾燥）… 大さじ1
A ┌ オイスターソース … 大さじ1
　 └ 顆粒鶏ガラスープの素 … 小さじ2
塩 … 適量
黒こしょう … 少々
水 … 1000mℓ

※もち麦は100gに対して水200mℓを入れ、普通炊きモードで炊飯してください。

作り方

1. キャベツとにんじんは千切りにする。えのきは食べやすい長さに切る。
2. 鍋に塩少々を振り、えのき、わかめ、キャベツ、にんじん、ひき肉の順に重ね入れ、Aと水200mℓを加えて蓋をしたら弱～中火で煮込む。
3. 蒸気が上がったら、水800mℓを加え、塩少々、黒こしょうを振って煮込む。
4. 深めの耐熱容器に卵を割り入れ、かぶるくらいの水（分量外）を入れる。
5. 黄身が割れないように楊枝で3か所刺し、電子レンジ（600W）で50秒加熱する。状態を見て10秒ずつ加熱し、温泉卵を作る。
6. 器にもち麦ごはんを盛り、その上に③のスープをかけ、⑤の温泉卵をのせたら完成。

痩せポイントはここ

もち麦ごはんは、体質に合わなかったり、便秘や下痢をしてしまうこともあるので、最初は白米と一緒にもち麦を炊いてみて。たくさん炊いて冷凍保存しておけば便利です。

余り野菜を使って彩りよく

野菜入りのレンチンオムレツ

時間のない朝でもささっと作れるうえ、
栄養も満タン！　おかわりしたくなる絶品オムレツ。

材料（ココット皿2個分）

玉ねぎ … 中1/6個
トマト … 1/4個
ピーマン … 1/4個
しめじ … 少々
卵 … 2個
水切りヨーグルト … 小さじ2
とろけるチーズ … 大さじ2
塩昆布 … 適量
お好みのミックススパイス … 適量

作り方

1. ココット皿に卵を割り入れ、溶きほぐす。
2. みじん切りにした玉ねぎとピーマン、細かく切ったトマト、ほぐしたしめじ、ヨーグルト、塩昆布、ミックススパイスを加えてよく混ぜる。
3. とろけるチーズをのせ、電子レンジ（600W）で1分30秒～2分しめじに火が入るまで加熱したら完成。

CHAPTER 6

爆瘦せ癒しのスープ

学校給食で大人気のスープ！

爆痩せ キャベツたっぷりスープ

キャベツの収穫時期にはこれが定番！
翌日は卵ととろけるチーズをのせて朝ごはんに。

材料（6～7人分）

ベーコン … 適量
玉ねぎ … 中1/2個
キャベツ … 1/2個
しめじ … 1パック
顆粒コンソメスープの素 … 小さじ1～
塩・黒こしょう … 各適量
水 … 適量

作り方

1. ベーコンは短冊切りに、玉ねぎは薄切りに、キャベツは千切りにする。しめじはほぐす。
2. 鍋底に塩適量を振り、しめじ、キャベツ、玉ねぎ、ベーコンの順に入れる。上から塩少々を振り、水200㎖を加えて蓋をする。
3. 弱～中火にかけ（焦げないように注意）、蒸気が上がってきたらひたひたになるぐらいの水とコンソメスープの素を加え、キャベツがとろとろになるまで煮込む。
4. 塩、黒こしょうで味を調えたら完成。

農家が教える豆知識

キャベツは芯の直径が小さめなもの（500円玉サイズが目安）を選びましょう。大きいものは育ちすぎてしまっている証拠です。工程②で鍋底に入れる塩は、野菜の水を呼ぶための塩です。

とろっとろ!!

白菜たっぷりスープ

重ね煮にすれば甘〜く、勝手においしくなってくれる。
ツナでたんぱく質も摂れちゃう優秀スープ。

材料（6～7人分）

ツナ缶（オイル）… 1缶（70g）
玉ねぎ … 中1/2個
白菜 … 1/4個
小松菜（ほうれん草でも可）… 1/2束
えのき … 小1袋（100g）
顆粒鶏ガラスープの素 … 小さじ1～
塩・黒こしょう … 各適量
水 … 適量

作り方

1. 玉ねぎは薄切りに、白菜は細切りに、小松菜はざく切りにする。えのきは食べやすい長さに切る。
2. 鍋底に塩適量を振り、えのき、白菜、小松菜、玉ねぎ、油を切ったツナの順に入れる。上から塩少々を振り、水200mℓを加えて蓋をする。
3. 弱～中火にかけ、蒸気が上がってきたらひと混ぜし、ひたひたになるぐらいの水を加えてさらに煮込む。
4. 野菜がくたくたになったら、鶏ガラスープの素、塩、黒こしょうで味を調えて完成。

農家が教える 豆知識

白菜を1個買ってきたら根元に切り込みを入れ、手で割くようにして半分に割ると、葉がバラバラにならずにきれいに半分にできます。保存時は冷暗所に置き、葉が黄色くならないように。

我が家の食べるスープ

根菜クラムチャウダー

冷蔵庫に残っている大根でも、さつまいもでも、
れんこんでも、にんじんでも、なんでもＯＫ！

材料（6～7人分）

あさり缶（水煮）… 1缶（125g）
ブロッコリー … 1個
長ねぎ … 1本
にんじん … 1/2本
大根 … 10cm
里いも … 大1個
さつまいも … 中1本
えのき … 小1袋（100g）
しめじ … 1パック
豆乳（無調整）… 適量
粉チーズ（適宜）… 適量
米粉 … 大さじ1
顆粒コンソメスープの素 … 小さじ1～2
塩・黒こしょう … 各適量
水 … 適量

作り方

1. 長ねぎは斜め薄切りに、そのほかの野菜はさいの目切りにする。えのきは食べやすい長さに切る。しめじはほぐす。
2. 鍋底に塩適量を振り、きのこ、ブロッコリー、長ねぎ、根菜類、あさり（汁ごと）の順に入れる。上から塩少々を振り、水200㎖を加えて蓋をする。
3. 弱～中火にかけ、蒸気が上がってきたら、豆乳、コンソメスープの素、塩、黒こしょう、水大さじ1で溶いた米粉を加えて煮込む。
4. お好みで粉チーズを振り、とろみがついたら完成。

農家が教える豆知識

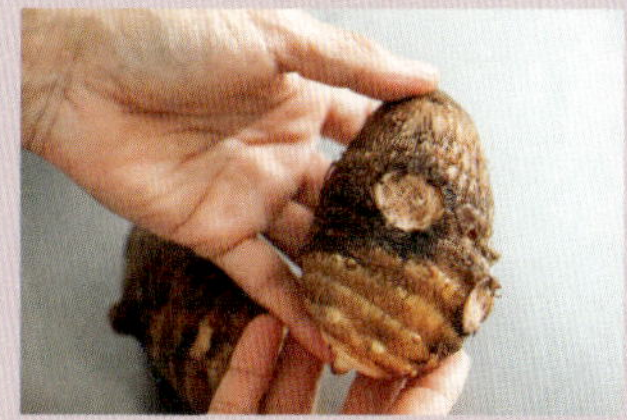

里いもはカビがつきやすいので、切り口がカビていないもの、しましま模様がはっきりしているものを選んで。また、乾燥に弱いので、表面にひび割れがなく、泥付きのしっとりしたものを。

重ね煮の調理法で

ブロッコリーのカレー豆乳スープ

ブロッコリーの栄養も余すとこなく摂取。
カレー粉の風味が絶妙に合うんです!!

材料（4～5人分）

玉ねぎ … 中1個
ブロッコリー … 1個
にんじん … 1/2本
えのき … 大1袋（200g）
豆乳（無調整）… 400㎖
味噌 … 小さじ2
顆粒コンソメスープの素 … 小さじ1～
カレー粉 … 小さじ1
塩・黒こしょう … 各適量
水 … 200㎖

作り方

1. 玉ねぎ、ブロッコリー、にんじんはさいの目切りにする。えのきは食べやすい長さに切る。
2. 鍋底に塩適量を振り、えのき、ブロッコリー、玉ねぎ、にんじんの順に入れる。上から塩少々を振り、水を加えて蓋をする。
3. 弱～中火にかけ、蒸気が上がってきたら、コンソメスープの素を加えてさらに煮込む。
4. くたくたになったら、豆乳、味噌、カレー粉を加え、塩、黒こしょうで味を調える。
5. 沸騰直前で火を止めたら完成（沸騰させてしまうと、豆乳が分離してしまうので注意）。

農家が教える 豆知識

ブロッコリーは形がきれいなドーム型になっているものを選んで。冬の寒い時期は紫色っぽいものが出回りますが、栄養をため込んでいる証拠なのでそれがおすすめです。

おばあちゃん直伝の隠し味が利いた

農家の豚汁

豚汁ならおいしく野菜もいっぱい食べられる。
重ね煮にしてほったらかしなのに激うまなんです。

材料（6～7人分）

豚こま切れ肉 … 150g
キャベツ … 1/3個（300～400g）
にんじん … 1/3本
大根 … 200g
えのき … 大1袋（200g）
しめじ … 1パック
にんにくのすりおろし … 小さじ1
しょうがのすりおろし（適宜） … 適量
板こんにゃく … 小1袋
味噌 … 大さじ3～お好みで
だしパック … 1パック
塩 … 適量
水 … 800mℓ

作り方

1. キャベツはざく切りに、にんじんと大根はいちょう切りにする。えのきは食べやすい長さに切る。しめじはほぐす。こんにゃくは短冊切りにする。
2. 鍋底に塩適量を振り、きのこ、こんにゃく、キャベツ、大根、にんじんの順に入れ、上から塩少々を振る。
3. 水200mℓを加え、だしパックをのせて弱～中火にかけ、蓋をして煮込む。
4. 蒸気が上がってきたら、残りの水を加えてさらに煮込む。
5. ひと煮立ちさせたら豚肉を加えて煮込み、グツグツしてきたらアクを取る。
6. 火を止めて味噌を溶き入れ、にんにくとお好みでしょうがを加え、かき混ぜたら完成。

農家が教える豆知識

にんにくは、芽の出ていない、乳白色の、ずっしりとした重量感のあるものを選びましょう。すりつぶす時は百円ショップなどでも売っている「ガーリックプレス」を使うと便利。

缶詰は使わずフレッシュトマトで

和風ミネストローネ

トマトには脂肪燃焼の効果が期待できるリコピンが豊富！
だしパックと味噌で和風に仕上げてみました。

材料（4～5人分）

鶏もも肉 … 1枚
玉ねぎ … 中1個
キャベツ … 1/4個（250g）
トマト … 大3個（600g）
にんじん … 1/3本（50g）
しめじ … 1パック
味噌 … 大さじ2
だしパック … 1～2パック
お好みのミックススパイス（適宜）… 適量
塩 … 適量
黒こしょう … 少々
水 … 400㎖

作り方

1. 鶏肉は皮を取り除き、食べやすい大きさに切る。野菜は細かくざく切りにする。しめじはほぐす。
2. 鍋底に塩適量を振り、しめじ、トマト、キャベツ、玉ねぎ、にんじん、鶏肉、だしパックの順に入れる。
3. 水200㎖を加えて蓋をし、弱～中火にかけて煮込む。
4. 蒸気が上がってきたら水200㎖を加えて煮込み、火を止めて味噌を溶き入れる。塩少々、黒こしょうで味を調えたら完成。お好みでミックススパイスを振って。

農家が教える豆知識

夏の暑い日でもさっぱりと飲めるスープが作りたかったので、トマト缶ではなく、フレッシュトマトを使いました。酸味が強い場合は、てんさい糖を大さじ1/2加えて。冷たいものを食べがちな夏場にこそ試してみてほしいスープです。

小腹が満たされる

トマトともずくのサンラータン

もずくのツルンとした喉ごしもおいしい！
実はもずくとトマトは好相性なんです。

材料（6～7人分）

もずく（味付なし）… 100g
レタス … 3～4枚
トマト … 中2個
卵 … 2個
醤油 … 大さじ1
味噌 … 大さじ1
酢 … 大さじ1
顆粒鶏ガラスープの素 … 大さじ1
水 … 600㎖

※「もずく（味付なし）」を「もずく酢（三杯酢）」で代用する場合は、調味料の分量を「醤油 … 大さじ1/2、味噌 … 大さじ1/2、顆粒鶏ガラスープの素 … 小さじ1」に変更してください。酢は加えず、三杯酢の酢も加えません。

作り方

1. トマトはざく切りにする。
2. 鍋に、水、もずく、トマト、鶏ガラスープの素を入れて火にかける。
3. トマトが煮崩れてきたら、醤油、味噌、酢を加えて煮込む。
4. グツグツしてきたら、溶いた卵を回し入れてふわっとさせる。
5. 火を止め、ちぎったレタスを加えて余熱で火を通したら完成。

痩せポイントはここ

水溶性食物繊維が豊富に含まれたもずくは、糖質の吸収を穏やかにして、肥満予防に効果的！「三杯酢」のもずくを使用する場合は、調味料の分量が異なるので※欄を参照してください。

うま辛でやみつきの味

ユッケジャンスープ

あっつあつの、辛くてうまいスープは
子どもたちも大好き！　寒い日の定番。

材料（6～7人分）

豚こま切れ肉 … 250g
小松菜 … 1束
もやし … 1袋
長ねぎ … 1本
にんじん … 1/4本
えのき … 大1袋（200g）
しめじ … 1パック
にんにくのみじん切り … 小さじ1
キムチ … 100g
卵 … 2個
A
- 醤油 … 大さじ2
- みりん … 大さじ1
- てんさい糖 … 大さじ1
- コチュジャン … 大さじ1/2

ごま油 … 適量
水 … 1000mℓ

作り方

1. 豚肉は細かく切る。小松菜は食べやすい長さに切る。長ねぎは薄切りに、にんじんは短冊切りにする。きのこはほぐす。
2. 鍋にごま油を熱し、にんにく、豚肉、キムチを入れて炒める。
3. Aと水を加えてひと煮立ちさせたら、小松菜、もやし、長ねぎ、にんじん、きのこを加えて煮込む。
4. グツグツしてきたら、溶いた卵を回し入れ、ふわっとさせて完成。

付録

太らない手作りスイーツ

娘のスナック菓子をやめさせるため、
おやつも野菜や果物で手作りしてみました。
本書の最後に、３つのスイーツレシピをご紹介！

皮ごと使う

かぼちゃのバスクチーズケーキ

お店のスイーツみたいになめらかな感じではないけど、かぼちゃのゴロゴロした感じもおいしいんです。

材料（直径15cmのケーキ型1台分）

かぼちゃ … 200g（正味）
卵 … 2個
水切りヨーグルト … 100g
クリームチーズ … 100g
米粉 … 20g
レモン汁 … 小さじ1
てんさい糖 … 大さじ3

作り方

1. かぼちゃは種を取り除き、ひと口大に切る。耐熱容器に入れたら水大さじ1（分量外）を入れ、ラップをして電子レンジ（600W）で5分～やわらかくなるまで加熱する。
2. ボウルにヨーグルトとクリームチーズを入れ、なめらかになるまで混ぜたら、卵、米粉、レモン汁、てんさい糖を加えてさらに混ぜる。
3. 別のボウルにかぼちゃを入れてフォークでつぶし、粗熱がとれたら②に少しずつ加えてよく混ぜ合わせる。
4. ケーキ型にクシャッとさせたクッキングシートを敷き、③を流し入れる。
5. 250℃に予熱したオーブンで20～25分、表面に焦げ目がしっかりつくまで焼く。竹串を刺して何もついてこなかったら完成。

農家が教える豆知識

かぼちゃは、ヘタの部分が枯れていて、コルクのようになっているのが完熟している証拠。皮がかたく、深緑色で、色が変わっているところが濃いオレンジ色になっているものを選んで。

甘じょっぱさがおいしい！

塩麹のスイートポテト

さつまいもの皮はポリフェノールが豊富なんやって。
食物繊維も含まれているので、皮ごと使ってます。

材料（作りやすい分量）

さつまいも … 250g
豆乳（無調整）… 大さじ3
卵黄 … 1個分
バター … 大さじ1
黒炒りごま … 少々
塩麹 … 大さじ1
はちみつ … 小さじ2

作り方

1. さつまいもは皮ごと輪切りにする。耐熱容器に入れ、ラップをして電子レンジ（600W）で5～6分加熱する（楊枝がすーっと入るまで）。
2. ボウルにさつまいもを入れてマッシュしたら、豆乳、バター、塩麹、はちみつを加えてよく混ぜ合わせる。
3. ひと口大に丸め、ホイルを敷いた天板に並べる。
4. ③の表面に溶いた卵黄を塗り、黒ごまをのせる。
5. トースター（1000W）で④を軽く焦げ目がつくまで焼いたら完成。

痩せポイントはここ

塩麹は腸内の善玉菌を増やして、胃腸の働きをサポートしてくれるので、我が家ではよく使う調味料です。スイートポテトに使うことで、塩味をプラスし、甘じょっぱく仕上げました。

バターの香りもおいしいの！

バナナ蒸しパン

ひと手間加え、少量のバターで焼き上げると、
極上のバナナケーキを食べているみたい。

材料（作りやすい分量）

バナナ … 1～2本
卵 … 1個
水切りヨーグルト … 50g
バター … 少量
米粉 … 50g
ベーキングパウダー … 小さじ1/2
はちみつ … 大さじ1

作り方

1. ビニール袋にバター以外の材料をすべて入れ、手で揉みながら材料をよく混ぜ合わせる。
2. クッキングシートを敷いた耐熱容器に①を入れ、表面を平らにならす。
3. ラップをし、電子レンジ（600W）で4分加熱する。
4. フライパンにバターを熱し、③の表面を焼き色がつくまで焼いたら完成。

痩せポイントはここ

バナナは食物繊維が豊富。また、ビタミンB群も豊富で代謝アップ効果も期待できるとか。腹持ちもいいし、お菓子を食べるくらいなら、おやつはこれ。朝食にしてもいいかも。

なな

岡山県生まれ、大分県在住。
夫と4人の子ども、6匹の保護猫と1匹の犬と暮らしている。
現役農家で、娘とのダイエットをきっかけに、
家族みんなが喜ぶ野菜たっぷりのレシピを発信中。
趣味は、K-POP、韓国ドラマ、推しとの対面に向けて韓国語勉強中。

Instagram
農家が作る野菜でかんたん痩せレシピ（naana_recipe）

農家《のうか》が作《つく》る野菜《やさい》でかんたん痩《や》せレシピ

2025年3月31日　第1刷発行
2025年8月10日　第6刷発行

著者	なな
発行者	大和 哲
発行所	大和《だいわ》書房
	東京都文京区関口1-33-4
デザイン	内村美早子（anemone graphic）
撮影	中田浩資（Lingua franca）
スタイリング	川﨑尚美
Special Thanks	CIEL STUDIO
編集	滝澤和恵（大和書房）
本文印刷	光邦
カバー印刷	歩プロセス
製本	ナショナル製本

ISBN978-4-479-92177-6

https://www.daiwashobo.co.jp